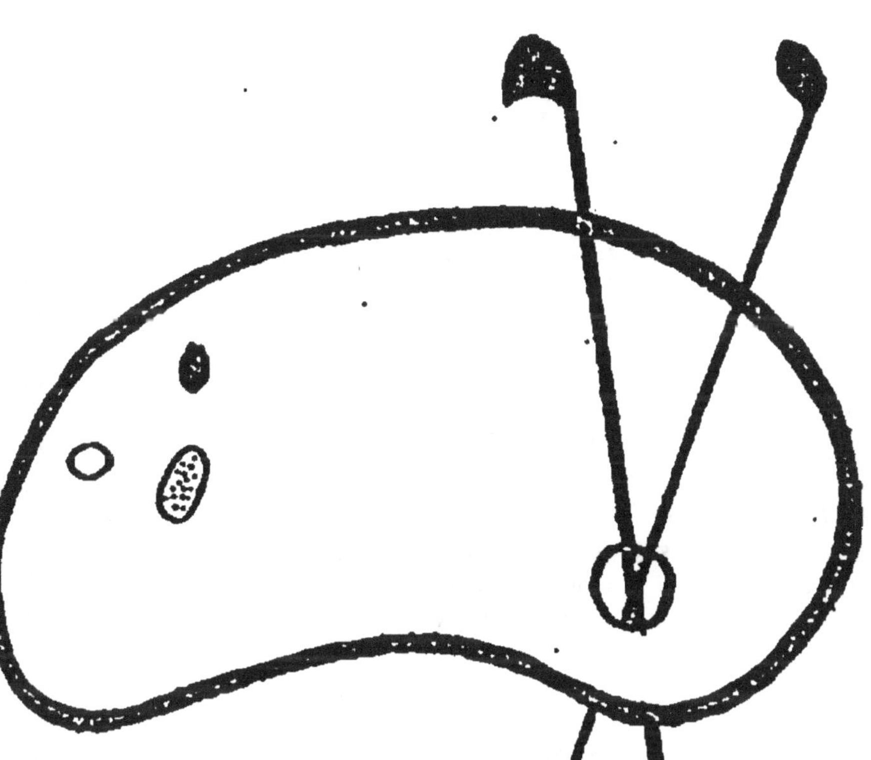

ORIGINAL EN COULEUR

NF Z 43-120-8

COMITÉ INTERNATIONAL DE LA CROIX-ROUGE

DOCUMENTS

PUBLIÉS À L'OCCASION DE LA

GUERRE

(1914-1917)

RAPPORT

de MM. Dr F. FERRIÈRE, H. MICHELI et K. de WATTEVILLE
sur leur voyage à Vienne, à Budapest et à Sofia
et leurs visites à quelques camps de prisonniers en Bulgarie
Avril-Mai 1917.

SEIZIÈME SÉRIE

Août 1917

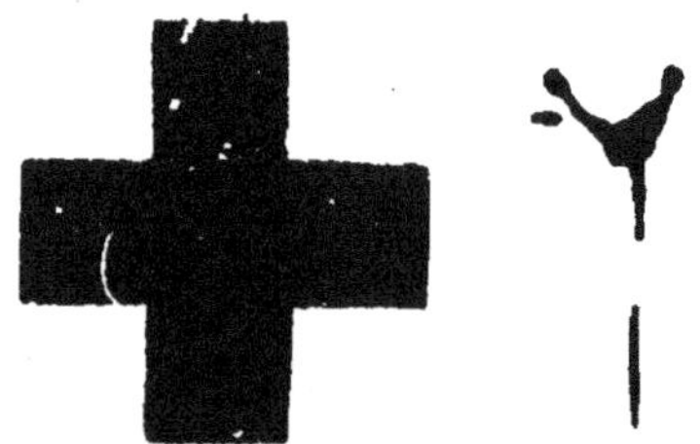

GENÈVE
Librairie Georg & Cie
Maisons à Bâle et à Lyon

PARIS
Librairie Fischbacher
33, Rue de Seine

14ᵉ Série.

DOCUMENTS

publiés à l'occasion de la

GUERRE

(1914-1917)

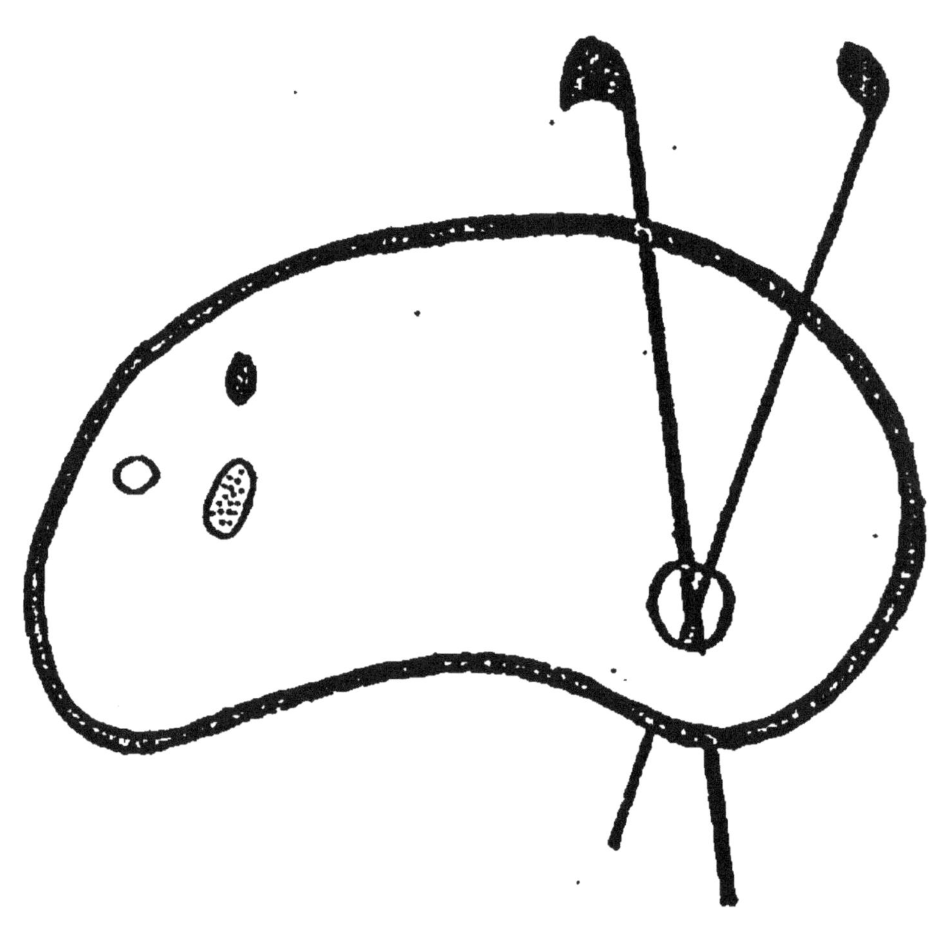

ORIGINAL EN COULEUR
NF Z 43-120-8

COMITÉ INTERNATIONAL DE LA CROIX-ROUGE

DOCUMENTS

PUBLIÉS A L'OCCASION DE LA

GUERRE

(1914-1917)

RAPPORT

de MM. Dr F. FERRIÈRE, H. MICHELI et K. de WATTEVILLE
sur leur voyage à Vienne, à Budapest et à Sofia
et leurs visites à quelques camps de prisonniers en Bulgarie
Avril-Mai 1917.

SEIZIÈME SÉRIE

Août 1917.

INTER ARMA CARITAS

GENÈVE
Librairie Georg & Cie
Maisons à Bâle et à Lyon

PARIS
Librairie Fischbacher
33, Rue de Seine

RAPPORT

sur le voyage de la délégation du Comité International
de la Croix-Rouge en Autriche-Hongrie et en Bulgarie.

PREMIÈRE PARTIE

INTRODUCTION

La délégation du Comité international de la Croix-Rouge,
qui avait été chargée de rendre visite aux Comités centraux
de la Croix-Rouge et aux Commissions des prisonniers en
Autriche, en Hongrie et en Bulgarie, est partie le 20 avril
1917 de Genève et Berne. Arrivée à Vienne le 22 avril, elle
y est restée jusqu'au 30. Elle a passé les journées du 1er et
2 mai à Budapest et est arrivée le 3 mai au soir à Sofia. Son
séjour en Bulgarie a duré jusqu'au 20 mai. Elle est rentrée
le 25 mai en Suisse, après s'être arrêtée encore deux jours
au retour à Vienne.

Nous donnons ces dates pour bien préciser l'époque à laquelle se rapportent les différentes démarches et observations dont il sera question dans le présent rapport. Nous indiquerons plus bas les dates de nos visites dans les camps
de prisonniers de Bulgarie.

Comme nous venons de le dire, le but primitif de notre
voyage était de resserrer ou d'établir le contact direct entre
le Comité international de la Croix-Rouge et les Comités
centraux autrichien, hongrois et bulgare, avec lesquels notre
Comité, et spécialement notre Agence internationale des pri-

sonniers de Genève, ont tant d'intérêts communs à traiter depuis le début de la guerre. Nous tenions avant tout à nouer des relations personnelles avec le Comité central de la Croix-Rouge bulgare, la correspondance que nous échangions depuis une année n'ayant pas toujours donné des résultats satisfaisants.

A ces objets est venue s'ajouter la visite d'un certain nombre de camps de prisonniers en Bulgarie, dans les conditions que nous indiquerons plus bas. Auparavant nous tenons toutefois à indiquer les diverses démarches que nous avons faites auprès des Comités centraux et à résumer les principaux résultats obtenus.

CHAPITRE PREMIER

Conférences avec la Croix Rouge bulgare.

Le but principal de notre visite à Sofia était d'obtenir un échange régulier des listes des prisonniers de guerre et des internés civils qui se trouvent en Bulgarie, et spécialement la communication des listes des prisonniers roumains, dont à notre départ nous n'avions encore reçu que deux, et des prisonniers serbes que nous n'avions pas encore pu obtenir. Nous désirions en outre faciliter l'envoi régulier de correspondances, d'argent et de secours dans les régions de la Serbie occupées par les armées bulgares, la correspondance des prisonniers de guerre, les envois de colis, enfin les communications et échanges de nouvelles avec les internés civils serbes, qui, en ce moment, sont fort nombreux en Bulgarie.

Nous tenons à remercier le président de la Croix-Rouge bulgare, M. Guéchoff, ancien président du Conseil, et tous ses collaborateurs, non seulement de leur large hospitalité et de la parfaite amabilité avec laquelle ils nous ont reçus, mais aussi de l'empressement avec lequel ils sont intervenus auprès du Ministère de la guerre et du haut Commandement de l'armée bulgare en faveur de nos requêtes.

Grâce à eux et à la bonne volonté des autorités bulgares, nous avons obtenu les résultats suivants :

1° *Echange de listes.*

Le Ministère de la guerre s'est déclaré prêt à communiquer au Comité international de la Croix-Rouge les listes des prisonniers roumains, serbes, italiens, etc., comme il nous avait déjà communiqué précédemment les listes des prisonniers anglais et français. Il a seulement posé la condition que les gouvernements roumain et serbe lui communiqueraient aussi par notre intermédiaire les listes des prisonniers bulgares qui ont été capturés par leurs armées.

Nous avons déclaré que le Comité international continuerait, comme par le passé, à faire tous ses efforts pour fournir à la Croix-Rouge bulgare les listes complètes des prisonniers bulgares. Mais nous avons dû faire observer au Ministère de la guerre : 1° que la Bulgarie a un nombre de prisonniers roumains et serbes très supérieur au nombre des prisonniers bulgares en Roumanie et de ceux qui ont été capturés par l'armée serbe. Il n'est donc pas possible d'échanger un nombre égal de listes;

2° que, par suite de la lenteur des correspondances, spécialement avec Jassy, mais aussi entre Sofia et Genève, l'envoi des listes exige un temps considérable.

Nous avons donc très vivement insisté pour que le Ministère de la guerre nous communiquât les listes qu'il possède, au fur et à mesure de leur rédaction, et qu'il n'attendît pas chaque fois de recevoir une liste en échange de la précédente avant de nous faire un nouvel envoi.

Nos demandes ont été approuvées en principe non seulement par la Croix-Rouge bulgare, mais aussi par M. le ministre de la guerre et par M. le général Bradestiloff, son adjudant général. Nous espérons qu'elles seront aussi prises en considération par les organes chargés de l'exécution des décisions ministérielles. Nous souhaitons aussi que les listes futures tiennent compte, mieux que la plupart de celles que nous avons reçues jusqu'à présent, des conditions de précision et de minutieuse exactitude qui sont indispensables pour identifier et situer chaque prisonnier et que nous avons réussi à obtenir de presque tous les bureaux chargés de dresser les listes. Ces précisions sont nécessaires pour renseigner les familles et les gouvernements. Elles sont encore la condition *sine qua non* d'envois utiles de secours individuels et collectifs.

C'est à l'occasion de cet échange de listes que nous avons soulevé et résolu, croyons-nous, d'une façon satisfaisante la question de la reconnaissance par la Croix-Rouge bulgare (et précédemment par la Croix-Rouge autrichienne) du Comité national serbe de la Croix-Rouge, qui est fixé à Corfou, au siège actuel du Gouvernement serbe, et de sa Délégation qui réside à Genève. Cette Délégation de la Croix-Rouge serbe fonctionne comme bureau de renseignements sur les prisonniers de guerre au sens de l'article 14 du Règlement de La Haye de 1917, concernant les lois et coutumes de la guerre.

Pour reconnaître le Comité de Corfou et la Délégation de Genève, la Croix-Rouge autrichienne (comte Spiegelfeld) et la Croix-Rouge bulgare (M. Guéchoff) nous ont demandé une notification officielle de ces organes par le Gouvernement serbe. Le Comité international de la Croix-Rouge, auquel nous avions transmis immédiatement cette demande, a fait parvenir sans tarder cette notification à Vienne et à Sofia. Nous comptons donc que cette question a recevoir incessamment une solution favorable.

2° Correspondance avec la Serbie occupée. — Envois d'argent.

La *correspondance* entre les populations de la Serbie occupée par les armées bulgares et les Serbes résidant à l'étranger, même en pays neutre, était presque complètement interrompue. Un des objets principaux de notre voyage consistait à la rétablir.

Après plusieurs conversations avec la Croix-Rouge et divers organes du Ministère de la guerre, et après une intervention très heureuse de M. Guéchoff auprès du commandant en chef de l'armée bulgare, nous avons reçu, le 8 mai, du président de la Croix-Rouge bulgare la communication suivante :

« Le Quartier général vient de prescrire au chef de la censure de permettre la correspondance entre les familles serbes et leurs parents résidant dans les pays neutres aux conditions suivantes :

a) Chaque famille pourra correspondre avec les siens sur carte postale spéciale, au maximum deux fois par mois;

b) Ces cartes seront remises par la censure à la Croix-Rouge à Sofia qui les timbrera et les adressera ensuite par paquets au Comité international à Genève pour être distribuées. Les cartes seront imprimées par la Croix-Rouge bulgare et envoyées dans toutes les communes de Serbie pour être mises à la disposition des familles.

c) Les réfugiés serbes dans les pays neutres pourront correspondre dans les mêmes conditions avec leurs familles en Serbie, c'est-à-dire écrire sur des cartes postales portant le sceau et le nom du Comité international avec l'emblême de la Croix-Rouge; ces cartes seront envoyées directement à la Croix-Rouge bulgare qui les remettra à la censure et seront ensuite expédiées à destination.

d) Les cartes seront imprimées et porteront du côté de l'adresse les renseignements suivants :

Société bulgare de la Croix-Rouge.

1) Expéditeur . . . .
2) Village . . . .
3) Commune . . . . Adresse :
4) Arrondissement . . . . A Monsieur (Mme)
5) District . . . .
6) Profession de l'expéditeur . . . .

La partie réservée à la correspondance, au verso, reste en blanc et on pourra y écrire tout ce qui n'est pas défendu par la censure[1]. »

Quant aux *envois d'argent*, nous avons obtenu également l'autorisation d'expédier des mandats, sans limitation de sommes, dans la Serbie occupée. Dès notre retour, nous avons reçu l'avis télégraphique que les envois retenus jusqu'ici par la Banque de Bulgarie, au total de plus de 1,200,000 levas, seraient distribués de suite aux destinataires.

En outre, la légation de Bulgarie à Berne, dont le chef, M. Passaroff, a favorisé notre action de toute son influence, s'est déclaré prête à recevoir toutes les sommes qui pourraient lui être versées à destination de la Serbie occupée. Ces sommes seront payées par le Gouvernement bulgare aux destinataires, au cours du change suisse. Des reçus provisoires seront donnés par la légation aux expéditeurs. Des reçus définitifs, signés par les destinataires, leur seront expédiés aussitôt qu'ils seront parvenus à Berne.

La Croix-Rouge bulgare nous a également fait savoir, le 18 mai, que les fonds peuvent aussi être remis au Comité international de la Croix-Rouge, et que la Croix-Rouge bulgare se chargerait de les faire parvenir aux destinataires.

Nous espérons que, grâce à ces différents moyens de paiement, les habitants de la Serbie occupée pourront recevoir régulièrement les envois qui leur sont destinés et qui seront certainement les bienvenus[2].

3° *Internés civils serbes.*

Nous savions déjà, en quittant Genève, qu'il existait en Bulgarie un certain nombre d'internés civils serbes. Nos visites des camps de prisonniers nous ont montré que ce

[1] Les *Nouvelles de l'Agence internationale des prisonniers de guerre* feront connaître les dispositions précises prises à cet égard ainsi que le texte des cartes.

[2] En date du 2 août, la Croix-Rouge bulgare nous accuse réception des premiers envois faits par l'intermédiaire du Comité international et se montant

nombre était plus élevé que nous ne le supposions. Nous ne pouvons pas en donner le chiffre exact, car il est, nous a-t-on dit, très variable. En outre il est extrêmement difficile d'obtenir des renseignements précis de l'Office central de Sofia qui, sous la direction de M. le professeur Bontcheff, s'occupe au Ministère de la guerre de la statistique des prisonniers. Les statistiques des commandants des camps, et spécialement celle de M. le lieutenant Nicoloff, commandant du camp de Philippopoli, sont très supérieures à celle de l'Office central. Nous saisissons cette occasion de signaler, en passant, cette lacune grave du service des prisonniers en Bulgarie, lacune dont les fâcheux effets se font sentir pour les prisonniers militaires autant que pour les prisonniers civils.

Pour en revenir aux internés civils, leur nombre s'est beaucoup accru à la suite de l'insurrection assez importante qui s'est produite au mois de mars 1917 dans les régions de la Serbie occupée par les troupes bulgares, spécialement dans les environs de Nisch, ainsi que des révoltes partielles qui n'étaient pas encore entièrement terminées au moment de notre séjour à Sofia, en mai. A la suite de ces mouvements populaires et des répressions qui les ont suivis, de nombreux villages ont été incendiés et de malheureuses populations entières — vieillards, femmes, enfants — ont été transportées en Bulgarie. Nous avons rencontré dans tous les camps que nous avons visités de nombreux internés civils serbes, des deux sexes, et de tout âge, depuis un enfant de huit jours, qui venait de naître au camp de Philippopoli, jusqu'à une vieille femme de quatre-vingt-dix ans qui y achevait sa triste existence, en ayant au moins la suprême consolation de mourir entourée d'une partie de sa famille.

Nous renvoyons du reste, pour ce sujet, à ce que nous disons plus bas dans la description des camps. Constatons seulement que le nombre des internés civils serbes, d'après les communications orales qui nous ont été faites à Sofia et

à 1,331,000 levas. Elle nous informe que le Quartier-général de l'armée en campagne vient de donner les ordres nécessaires pour la prompte distribution de ces fonds.

d'après nos évaluations approximatives, doit s'élever à 25,000 environ. Il va sans dire que nous donnons ce chiffre sous toutes réserves. Nous serions heureux si ce rapport pouvait avoir pour effet d'amener les autorités bulgares à publier des renseignements précis.

Nous n'avons malheureusement pas réussi à obtenir la liste des internés civils et des camps dans lesquels ils séjournaient. A nos demandes pressantes le Ministère de la guerre a répondu qu'il n'était pas possible d'établir les listes, précisément en raison du caractère et de la durée variables de cet internement, ainsi que des changements fréquents de camps et de la dispersion des internés dans les chantiers de travail, agricoles et autres. En revanche, nous avons obtenu, grâce à l'obligeante intervention de M. Guéchoff, que la Croix-Rouge bulgare fût autorisée à faire des enquêtes sur ces internés auprès des commandants de camps et à répondre aux demandes qui lui seront adressées à ce sujet par l'intermédiaire du Comité international. La Croix-Rouge bulgare se charge également de transmettre les colis et les envois d'argent aux internés.

Nous avons salué avec satisfaction ce premier résultat, le considérant comme un allègement provisoire des incertitudes et des angoisses de tant de familles serbes qui, depuis de longs mois, ne savent rien de leurs membres internés en Bulgarie. Mais il va sans dire que nous ne pouvons pas considérer ce problème comme résolu avant d'avoir obtenu les listes complètes des internés civils, telles qu'elles ont été élaborées dans d'autres pays belligérants, notamment en Allemagne, en Angleterre, etc.

La meilleure solution consisterait dans le rapatriement aussi prompt que possible des internés dans leur pays, pour autant que d'impérieuses nécessités militaires ne s'y opposent pas.

4° Correspondance. — Censure.

De toutes les souffrances des prisonniers, l'une des plus aiguës est certainement l'absence, ou simplement la rareté et la lenteur des correspondances. Les prisonniers de Bulgarie doivent être rangés parmi ceux qui souffrent le plus à cet égard par suite de leur éloignement et des circonstances spéciales dont nous allons parler.

L'Agence internationale avait, dès le 10 janvier 1917, signalé ces retards considérables à M. le lieutenant Nicoloff, commandant du camp de Philippopoli, et demandé une enquête à ce sujet. M. Nicoloff, dans un rapport fort intéressant, daté du 14 février, nous avait indiqué comme une des principales causes de ces retards la multiplicité des censures qui s'exercent sur la correspondance des prisonniers de Bulgarie.

En fait, une lettre de prisonnier, pour venir d'un camp bulgare à Genève, ne doit pas subir moins de quatre censures: 1° celle du camp bulgare; 2° censure centrale de Sofia; 3° celle de Budapest; 4° celle de Vienne. En outre, avant de parvenir de Genève en France, en Angleterre ou en Italie, elle doit encore passer par une censure au moins. Nous ne parlons pas des lettres à destination de la Russie, de la Roumanie non occupée, des armées serbes qui stationnent à Corfou ou qui combattent au front de Salonique.

Pour remédier à ces retards nous avons cherché à obtenir la suppression des censures intermédiaires. Il nous semblait et il nous semble encore que, une fois les lettres de prisonniers dûment examinées par un office bulgare, elles pourraient être transportées directement de Sofia, dans un sac fermé, à la poste centrale de Berne, qui les ferait parvenir à Genève ou directement dans les pays destinataires.

Pour obtenir ce résultat nous avons entrepris, au cours de notre voyage, de nombreuses démarches. En Bulgarie nous avons entretenu en particulier de cette question M. le président du Conseil Radoslavoff, M. le Ministre de la guerre, M. le président de la Croix-Rouge et M. le directeur général des Postes. Tous quatre nous ont laissé entrevoir qu'une des deux censures bulgares pourrait être supprimée et que, en outre, le Gouvernement bulgare et la Direction générale des Postes appuieraient de toutes leurs forces la création d'un sac direct Sofia-Berne.

A Budapest, nous avons reçu également le meilleur accueil de M. le conseiller ministériel Henyey, qui nous a déclaré être, en ce qui le concerne, tout à fait favorable à la suppression de la censure de Budapest.

A Vienne, la question semble plus difficile à résoudre, malgré la très grande bonne volonté de M. le colonel Kick, chef de la censure au *Gemeinsames Zentral-Nachweisebureau,* censure polyglotte (elle ne connaît pas moins de 35 langues) dont nous avons admiré — soit dit en passant — le merveilleux fonctionnement technique. Des considérations d'ordre politique paraissent, aux yeux des autorités autrichiennes, rendre impossible ou tout au moins difficile, la suppression complète de la censure de Vienne.

Nous n'en espérons pas moins obtenir une amélioration sérieuse des relations postales avec la Bulgarie et nous avons à cet effet fait des démarches à Berne auprès de M. Stäger, directeur général des Postes fédérales, qui s'est déclaré prêt à prendre l'initiative de communications directes entre la Bulgarie et la Suisse. Ajoutons que nous avons obtenu l'appui de S. E. M. Passaroff, ministre de Bulgarie à Berne, qui, dans d'autres circonstances encore, nous a prêté son précieux concours. Nous sommes heureux de saisir cette occasion de l'en remercier publiquement. Nous souhaitons que les démarches faites par l'administration des Postes suisses aboutissent rapidement[1]. C'est là un des plus grands allègements que nous pourrions apporter au sort des prisonniers en Bulgarie.

5° *Echanges de grands blessés. — Grands rapatriements.*

Il y a cependant un allègement plus grand encore auquel nous avons voué tous nos soins. Il s'agit de l'échange immédiat des *grands blessés* anglais, français, bulgares, déjà désignés à cet effet par les commissions sanitaires. Il s'agit

---

[1] Par lettre du 1er août, la Direction générale des Postes suisses vient de nous informer qu'une première démarche entreprise par elle à Vienne a donné un résultat négatif. Nous ne saurion, nous en tenir là et nous conti-

surtout des rapatriements conçus sur un plan encore beaucoup plus vaste, tels qu'ils sont négociés en ce moment entre l'Allemagne et la France.

Dès notre première visite au camp I de Sofia, nous avons été frappés de rencontrer une vingtaine de grands blessés anglais et environ 30 français, qui étaient désignés pour le rapatriement mais qui attendaient avec impatience depuis de longs mois — quelques-uns même depuis près d'une année — l'heure de leur départ. A nos questions, le Ministère de la guerre bulgare a répondu que ces prisonniers pouvaient partir, mais que la question de leur transport à travers l'Autriche-Hongrie n'était pas encore résolue.

Nous avons immédiatement prié le Comité international de faire savoir aux Gouvernements français et anglais que leurs grands blessés étaient à leur disposition, sous réserve de libération des grands blessés bulgares, et que seul le transport de Bulgarie en France et vice versa restait à régler. Nous avons écrit également à la Croix-Rouge autrichienne pour lui demander son appui. Enfin nous avons informé de l'état de la question M. le colonel Bohny, médecin-chef de la Croix-Rouge suisse, qui a organisé avec tant de compétence et de dévouement les transports de grands blessés de toutes nationalités à travers la Suisse. Nous lui avons demandé s'il ne serait pas possible de consacrer 2 ou 3 wagons suisses à ces transports et M. le colonel Bohny nous a promis d'examiner avec bienveillance notre demande. Nous espérons que ces démarches aboutiront[1]. En attendant, nous avons demandé pour les grands blessés à Sofia un traitement et surtout un couchage plus confortable que celui que nous avions constaté à notre première visite. Nous avons eu le plaisir de voir, lors d'une seconde visite au dépôt I, que les vœux formulés par nous avaient été du moins partiellement entendus.

___

nuerons à faire tous nos efforts pour obtenir l'accélération des correspondances avec la Bulgarie. Nous comptons sur l'appui du Gouvernement et de la Croix Rouge bulgares.

[1] Par dépêche du 7 août, la Croix Rouge autrichienne nous a informés que les grands blessés anglais et français sont partis le 6 août de Sofia pour Mauthausen, où ils doivent, paraît-il, faire une dernière étape.

Pour ce qui est des grands *rapatriements*, nous avions été renseignés, avant notre départ de Berne, par le Département politique fédéral, des négociations engagées dès le mois d'avril entre l'Allemagne et la France, par l'intermédiaire de la Suisse, pour l'échange de catégories de prisonniers beaucoup plus étendues que ce n'a été le cas jusqu'à présent. Nous avons eu l'occasion, au cours de notre voyage, de nous entretenir de cette question avec la Croix-Rouge autrichienne, hongroise et bulgare, avec S. A. I. l'archiduchesse Augusta à Budapest, avec S. A. I. l'archiduc François Salvator, à Vienne, ainsi qu'avec M. le président du Conseil et M. le ministre de la guerre, à Sofia.

Partout les renseignements — encore incomplets d'ailleurs — que nous avons pu fournir à ce sujet ont été accueillis avec un vif intérêt. Nous croyons que toutes les initiatives qui pourraient être prises à cet égard trouveront un terrain bien préparé. D'ailleurs la Croix-Rouge autrichienne a fait elle-même à ce sujet, dans le courant du mois de juin, des propositions précises, auxquelles nous souhaitons le meilleur succès et que, en ce qui nous concerne, nous appuyons de toutes nos forces. Nous considérons, en effet, que le rapatriement immédiat de catégories aussi nombreuses que possible de prisonniers, notamment de tous ceux qui sont en captivité depuis plus de dix-huit mois, est une mesure qui s'impose dans l'intérêt de tous les pays belligérants.

CHAPITRE II

Les camps de prisonniers.

A. *Généralités.*

Remarque préliminaire. Comme nous l'avons dit plus haut, la visite des camps de prisonniers n'était pas le but principal de notre mission à Sofia. Nous n'avons donc pas

procédé à une inspection systématique et minutieuse comme
cela a été le cas pour d'autres délégations de la Croix-Rouge
internationale dans d'autres Etats belligérants. Mais nous
avons tenu à profiter de notre séjour en Bulgarie pour visiter
un certain nombre de camps de prisonniers anglais, français, italiens, roumains, russes et serbes. Le Ministère de la
guerre nous a facilité ces visites en mettant à notre disposition un wagon spécial et une automobile militaire qui nous
a permis de nous rendre rapidement dans des localités éloi-
gnées. Nous lui en exprimons ici toute notre reconnaissance.
Nous remercions également M. Théodore Dobreff, l'un des se-
crétaires de la Croix-Rouge bulgare, qui a été pour nous un
très aimable compagnon pendant tout notre voyage, et qui
nous a fréquemment servi d'interprète pour nos entretiens
avec les prisonniers russes et serbes, et M. le Dr Ivanoff, qui
nous a accompagnés aux différents camps de Sofia.

Nous consignons ci-dessous les observations que nous
avons pu faire au cours de nos visites. Celles-ci ont porté sur
les camps de *Sofia* (trois dépôts et un certain nombre de
chantiers de travail), *Philippopoli, Stara-Zagora, Gorno-
Panitchérévo, Hascovo, Orhanié.*

Logement. Les prisonniers sont logés dans des maisons
ou baraques de types très différents. Nous en avons trouvé
au Dépôt I de Sofia, qui demeuraient dans des maisons construites en maçonnerie avec planchers et étages, destinées à
des logements ouvriers. D'autres couchaient dans des baraques militaires, petites ou grandes, en maçonnerie ou en
planches, parfois sur la terre battue. D'autres encore dans
des hangars, dans des wagons de chemins de fer ou sous
des tentes. D'autres enfin dans des huttes en terre, creu-
sées dans le sol et construites avec des mottes de gazon.
Ce ne sont pas toujours les logements les plus primi-
tifs en apparence qui sont les moins confortables. Bien au
contraire. C'est ainsi que les huttes de terre gazonnée, dont
nous venons de parler, constituent, à notre avis, pourvu que
l'on prenne les précautions voulues contre l'humidité, un
logement beaucoup plus chaud en hiver et beaucoup plus

frais en été que certains hangars et surtout que les wagons de chemins de fer. Nous avons demandé à M. le ministre de la guerre que ces wagons soient utilisés uniquement comme logements *provisoires*. A moins de précautions toutes spéciales, ils sont trop froids en hiver et trop chauds en été.

Couchage. Le soldat bulgare couche sur le sol; ce n'est qu'en hiver qu'on lui accorde une paillasse. Un grand nombre de prisonniers sont logés à la même enseigne. Cependant nous avons trouvé dans beaucoup de camps des nattes en paille et des paillasses, parfois des couvertures. Nous avons cherché à obtenir pour tous les prisonniers et internés civils des nattes de paille et une couverture par personne, ce que nous considérons comme un minimum.

Surpeuplement. Le principal inconvénient qui nous ait frappés, dans les logements d'un certain nombre de camps, c'est le surpeuplement. Nous avons fait tout particulièrement cette remarque à propos des logements d'officiers des camps de Hascovo et de Gorno-Panitchérévo. Nous renvoyons sur ce point à ce que nous disons plus bas dans notre description détaillée de ces camps et dans notre rapport à M. le ministre de la guerre.

Nous avons demandé la construction de nouvelles baraques et nous avons été heureux d'apprendre que ce vœu allait être réalisé, notamment pour Gorno-Panitchérévo et sans doute aussi pour Hascovo. Malheureusement la rareté actuelle du bois en Bulgarie rendra difficile et très coûteux l'établissement d'un nombre vraiment suffisant de constructions nouvelles. Il nous semble que, à défaut de baraques en bois, on pourrait utiliser, plus encore qu'on ne l'a fait jusqu'à présent, les huttes en terre, telles que celles que nous avons vues au camp III de Sofia.

Soins de propreté. Les soins de propreté laissent aussi à désirer dans certains camps à cause d'installations insuffisantes et du manque d'eau. Il serait à souhaiter, dans l'intérêt de l'hygiène, de la propreté et aussi de la santé morale des prisonniers, que ceux-ci disposent partout d'une quantité d'eau suffisante. Dans les camps qui sont dans le voisinage des villes, les prisonniers peuvent prendre des bains chauds, ce qui est très à recommander.

Nourriture. Pour ce qui est de la nourriture, les prisonniers reçoivent dans la règle, chaque jour, un pain de froment (ou de froment et maïs) de 7 à 800 grammes. Sur ce point, ils sont mieux traités que les prisonniers de la plupart des autres Etats belligérants. La qualité des pains, qui était la même que celle fournie à la population civile, était partout bonne. D'autre part, les prisonniers de certains camps ne recevaient, outre le pain, qu'une soupe chaude par jour, alors que dans d'autres localités ils en recevaient deux, et, dans d'autres encore, deux soupes et une autre boisson chaude (thé ou café le matin). Nous avons demandé que, dans tous les camps, il fût fait au moins deux distributions de soupe chaude par jour. A notre grand regret nous n'avons pu obtenir du Bureau de renseignements du Ministère de la guerre un tableau exact des quantités prescrites journellement pour la nourriture de chaque prisonnier. On nous a soumis une liste générale des denrées fournies aux prisonniers pour leur alimentation.

Traitement moral. Pour autant que nous avons pu le constater nous-mêmes, le traitement des officiers et sous-officiers bulgares à l'égard des prisonniers était correct, parfois même bienveillant. Nous devons cependant constater que nous avons reçu des plaintes, parfois très vives, de certaines catégories de prisonniers, surtout des Roumains, à propos de mauvais traitements et des injures auxquels ils auraient été exposés, soit dans les camps eux-mêmes, soit surtout au cours des marches qu'ils ont eu à faire après leur capture. Plusieurs d'entre eux nous ont affirmé avoir été dépouillés de tout ce qu'ils possédaient et avoir été les témoins ou les objets de véritables violences.

Il nous était naturellement impossible de contrôler l'exactitude de ces plaintes. Notre rôle n'est pas celui d'une commission d'enquête sur des faits dont la plupart remontaient à plus de six mois en arrière. Nous avons donc dû nous borner à signaler ces plaintes à M. le ministre de la guerre en le priant de bien vouloir donner à tous ses subordonnés des instructions précises pour que les faits qui les auraient provoqués ne se renouvellent pas à l'avenir. S. E. M. le général Naïdenoff nous l'a promis.

Nous devons ajouter que nous avons l'impression que les brutalités qui ont pu se produire sont contraires aux intentions du haut Commandement, des officiers supérieurs, et des commandants de camps, dont la plupart nous ont paru inspirés par des sentiments de bienveillance à l'égard de ceux dont ils ont la garde. Elles sont bien plutôt le fait d'officiers subalternes ou de sous-officiers, et nous espérons qu'il suffira d'instructions précises et sévèrement appliquées pour que les plaintes à cet égard cessent complètement.

D'une façon générale nous avons pu constater, auprès des autorités bulgares, militaires ou civiles, une réelle bonne volonté à écouter toutes les réclamations et les vœux que nous leur avons transmis et le désir d'en tenir compte dans toute la mesure du possible. Cependant elles nous ont fait observer à plusieurs reprises que les ressources du pays étaient limitées, que nous ne devions pas apprécier les questions de confort matériel avec des idées occidentales et qu'il était bien difficile, malgré la meilleure volonté du monde, aux autorités bulgares, de traiter les prisonniers mieux que les soldats de leur propre pays, si elles ne voulaient pas s'exposer de la part de ces derniers à des réclamations justifiées.

Parmi les prisonniers, nous avons eu l'impression que les Serbes, sobres comme les Bulgares et habitués au même genre de vie, supportaient assez bien, au point de vue matériel tout au moins, le régime auquel ils sont soumis. Chez eux la souffrance morale d'être prisonniers de leurs adversaires et rivaux séculaires l'emporte, nous a-t-il semblé, sur les souffrances matérielles. Cependant, nous avons constaté, dans plusieurs camps, que des relations amicales s'étaient établies entre les prisonniers serbes et leurs gardiens bulgares.

En revanche, les Roumains, pris pour la plupart au début des hostilités et peu entraînés aux rigueurs terribles de la guerre moderne, se seraient montrés moins résistants et auraient fourni une forte proportion de morbidité et de mortalité. Nous n'avons guère pu constater nous-mêmes le bien-fondé de cette information, ayant surtout vu des officiers roumains. Les soldats prisonniers de cette armée étaient, au moment de notre voyage, presque tous occupés en arrière du front de Macédoine, quelques-uns aussi, croyons-nous, dans divers chantiers de travail et dans la Dobroudja. Mais le fait nous a été confirmé non seulement par les médecins bulgares, mais aussi par des médecins roumains prisonniers, qui avaient eu l'occasion de soigner leurs compatriotes.

Nous avons eu l'impression que les prisonniers roumains, tout spécialement les officiers, étaient ceux qui souffraient le plus de leur captivité. La plupart de ceux que nous avons vus avaient été pris à Tutrakan, soit huit jours à peine après leur entrée en campagne. Ils avaient donc passé presque directement du bien-être de la paix aux souffrances de la captivité, sans subir le dur entraînement d'une campagne prolongée. Les officiers bulgares ne craignaient pas de le laisser entendre, et, quand nous intervenions en faveur des prisonniers roumains, nous avons entendu plus d'une fois la réponse suivante : « Nous faisons la guerre depuis cinq ans. Nos prisonniers roumains l'ont faite pendant huit jours. »

Quant aux prisonniers occidentaux, surtout aux Anglais et aux Français, auxquels les Bulgares témoignent une préférence indiscutable, c'est le surpeuplement des baraques, le couchage et la lenteur des correspondances qui nous ont semblé leur être le plus difficiles à supporter. Nous renvoyons sur ce sujet à ce que nous avons dit plus haut. La rareté de l'eau dans plusieurs des camps que nous avons visités, ou à proximité immédiate de la plupart d'entre eux, a été d'autre part une cause fréquente de souffrance, particulièrement pour les prisonniers anglais.

Nous traitons plus bas ce qui concerne les conditions sanitaires des camps et hôpitaux. D'une façon générale, nous pouvons dire que la situation matérielle et surtout sanitaire des prisonniers pourrait facilement être de beaucoup améliorée par la construction d'un certain nombre de nouvelles baraques, qui donneraient aux prisonniers de l'espace et de l'air, et qui, dans les camps contaminés par certaines maladies, permettraient mieux l'isolement des malades et des suspects, ainsi que la séparation entre les différentes catégories de prisonniers. C'est sur ce point que nous nous sommes permis d'attirer tout spécialement l'attention de M. le ministre de la guerre et c'est de ce côté que devraient porter les efforts de ceux qui voudraient améliorer sérieusement la situation des prisonniers de guerre en Bulgarie. La question deviendra particulièrement actuelle durant l'hiver prochain, à moins que de grands rapatriements ne viennent dégager les baraques. Malheureusement, en ce qui concerne la Bulgarie, ces grands rapatriements s'étendront difficilement aux catégories les plus nombreuses de prisonniers, soit aux Roumains et aux Serbes. C'est donc bien sur la construction de nouvelles baraques que nous devons tout spécialement insister.

B. *Etat sanitaire.* — *Services médicaux.* — *Hôpitaux.*

Pour autant que nous avons pu, pendant notre court séjour, apprécier l'état sanitaire des prisonniers, notre impression a été favorable. A part quelques foyers de typhus exanthématique, aucune épidémie ne régnait alors en Bulgarie ni dans la population, ni parmi les prisonniers. Le chef du service sanitaire bulgare, M. le colonel Dr Rousseff, a fait procéder chez tous les prisonniers comme sur les hommes de la troupe bulgare, aux vaccinations antityphique et anticholérique. La morbidité et la mortalité sont nulles par ces maladies, et la fièvre typhoïde considérée comme maladie négligeable.

Quant aux foyers de typhus exanthématique, M. le major sanitaire Dr Vasseff, secrétaire du Dr Rousseff, nous a fourni les renseignements les plus précis sur cette épidémie, pour autant qu'on peut désigner de ce terme les foyers isolés disséminés en Bulgarie. Depuis le début de la guerre actuelle jusqu'au 6 mai, jour de notre visite dans les bureaux du mé-

decin en chef, 659 cas de typhus exanthématique s'étaient
produits parmi les prisonniers, dans dix camps différents.
Sur ce nombre, 421 cas étaient guéris, 129 étaient en traitement, et il s'était produit 109 décès.

Voici, du reste, le relevé tel que nous l'a remis M. le major
Dr Vasseff :

Camps	Nombre des cas	Guéris	Morts	En traitement
1. Sofia	90	51	.5	31
2. Sliven	10	3	—	7
3. Schoumen	25	23	2	—
4. Rusce	94	71	14	9
5. Kolatsch-Schermon (Dobroudja)	50	27	18	5
6. Hascovo	17	13	1	3
7. Tschorlowo	18	1	8	9
8. Stroumitza	29	27	—	2
9. Stara-Zagora	52	35	4	13
10. Gorno-Panitchérévo	274	170	54	50
Totaux	659	421	109	129

L'abaissement notable de la mortalité par cette maladie,
en regard de l'épidémie de Serbie de 1916, semble prouver
une atténuation nette de sa virulence. Sans doute des mesures
ont été prises pour combattre l'épidémie, mais, à en juger
par notre visite dans le foyer principal de l'épidémie, à Gorno-
Panitchérévo, où il y avait eu 274 cas avec 54 décès et où,
lors de notre visite, il se produisait chaque jour encore une
moyenne de 3 à 4 cas nouveaux et 1 ou 2 décès, ces mesures
étaient loin de présenter les garanties voulues pour couper
court à l'épidémie. Nous n'en voulons pour preuve que les
longues chevelures des 90 prêtres serbes internés et logés
dans une baraque avec 70 officiers prisonniers.

Nous avons rencontré un certain nombre de cas de scorbut

dans différents camps, cas en somme peu accentués et soumis en général à un régime approprié. Passablement de cas de malaria, d'autre part, rapportés du front de Salonique. Peu de tuberculeux en revanche, pour autant que nous avons pu nous en rendre compte et à en juger par le petit nombre de malades rencontrés dans le sanatorium antituberculeux que nous avons visité au pied du mont Vitocha, à une heure de Sofia, dans une situation excellente. Le climat sec de la Bulgarie est sans doute pour quelque chose dans la rareté relative de ce mal, qui cause tant de victimes dans d'autres armées d'Europe, surtout parmi les prisonniers insuffisamment nourris.

Les malades et blessés ont été concentrés, autant que possible, sur Sofia et les villes principales de la Bulgarie; le temps limité dont nous disposions ne nous a permis que quelques visites à Sofia et à Philippopoli. Nous y avons trouvé partout les prisonniers mélangés aux blessés et aux malades bulgares. Nous n'avons constaté aucune différence dans le traitement des uns et des autres. Les infirmeries des camps éloignés des centres, tels que Hascovo et Orhanié, ne contenaient qu'un certain nombre très restreint de prisonniers malades.

Sofia compte un très grand nombre d'hôpitaux organisés dans des bâtiments divers; presque toutes les écoles et les hôtels ont été affectés aux soins des blessés. A part un peu d'encombrement, nous avons constaté que l'aménagement et les soins répondent d'une façon satisfaisante, étant donné les circonstances, aux exigences de la chirurgie et de la thérapeutique modernes.

Le corps médical bulgare, formé pour la plus grande partie dans les universités autrichiennes, françaises et suisses, est, en général, tout à fait à la hauteur de sa tâche. Nombre de médecins étrangers sont venus, du reste, prêter leur concours à leurs confrères bulgares, et plusieurs ont apporté avec eux un matériel considérable. Les Bulgares se plaignant eux-mêmes du nombre insuffisant de leurs médecins, nous croyons que les médecins étrangers, en particulier ceux des pays neutres, qui pourraient disposer de leur temps, rencontreraient auprès d'eux le meilleur accueil et pourraient rendre de grands services aux malades et blessés de toute nationalité, prisonniers y compris.

Les approvisionnements en pansements et en médicaments faisaient un peu défaut dans certaines formations sanitaires et hôpitaux, et la Croix-Rouge bulgare avait dû s'adresser, au commencement de l'année, au Comité international pour le solliciter·de demander aux neutres de lui venir en aide à cet égard. Nous avons vu employer, dans un hôpital, du matériel de pansement et des médicaments apportés de Roumanie, où, sans doute, les provisions faites pour l'armée nationale n'ont pu être utilisées que très partiellement, vu la rapidité de la retraite.

Signalons entre autres, parmi les hôpitaux que nous avons visités, celui de la Croix-Rouge bulgare attenant au bureau de ce Comité, hôpital qui est dirigé par un chirurgien distingué M. le Dr Sofronieff et dont M. Guéchoff a bien voulu nous faire lui-même les honneurs. Mentionnons encore l'hôpital n° IV à Sofia, dirigé par M. le Dr Vateff, membre du Comité central de la Croix-Rouge bulgare, ayant, comme infirmière-major, Mme Daneff, femme de l'ancien président du Conseil, hôpital admirablement organisé où les prisonniers sont particulièrement bien traités.

Parmi les hôpitaux dirigés par des chirurgiens étrangers, nous avons eu l'occasion de visiter celui de la Croix-Rouge hongroise, sous la direction de M. le Dr Botzenhardt, celui de la Croix-Rouge autrichienne, possédant une installation très complète pour la fabrication des prothèses, sous la direction très compétente de M. le Dr Suchaneck, enfin, la « Orthopaedische Anstalt des deutsch-bulgarischen Hilfsausschusses », hôpital et institution de rééducation professionnelle, sous l'habile direction de M. le Dr Sachs. N'oublions pas, dans cette énumération trop sommaire, car Sofia compte au moins 40 à 50 hôpitaux, de signaler le service de notre compatriote, M. le médecin suisse Dr Zollinger, de Zurich, installé dans un hôtel désaffecté du centre de la ville.

Presque tous les prisonniers que nous avons rencontrés dans les hôpitaux de Sofia se sont déclarés satisfaits des soins qui leur étaient donnés et du traitement dont ils étaient l'objet.

C. *Description détaillée des camps.*

1. Sofia.

Le total des prisonniers de guerre dans les trois dépôts principaux et dans les détachements de travail à Sofia est d'environ 8,000. D'après d'autres renseignements le nombre des prisonniers serait de beaucoup supérieur à ce chiffre.

Le commandant, M. le lieutenant Baltoff, semble sévère mais juste et bien disposé.

Dépôt n° I (Logements populaires) visité le 6 mai 1917.

Plusieurs corps de bâtiments récemment construits terminés avant la guerre comme logements d'ouvriers et jamais occupés. Rez-de-chaussée et un étage, cave au sous-sol. Logement excellent au point de vue de l'humidité et sous tous les autres rapports, mais le nombre des prisonniers de guerre y est trop considérable. Total des prisonniers de guerre présents le 6 mai : 428.

	Officiers	Soldats	Total
Français,	2	288	290
Russes	1	10	11
Anglais	0	22	22
Italiens	0	8	8
Roumains	6	18	24
Serbes	0	28	28
Total			383
Aux arrêts			45[1]
Total			428

Malades 6; aux travaux en ville 129.

[1] Ce chiffre comprend la totalité des prisonniers aux arrêts dans les trois dépôts de Sofia.

Les soldats de garde bulgares, sont, comme dans tous les camps visités, logés, couchés et nourris de la même façon que les prisonniers de guerre.

Couchage. Sur le plancher avec une couverture ou un manteau. Les paillasses avaient été enlevées pour l'été.

Vêtements. Suffisants pour l'été, mais les sous-vêtements manquent. Il serait indiqué d'y suppléer avant l'hiver. Pour les prisonniers français il existe encore un wagon de vêtements presque complet au camp de Philippopoli, auquel tous les prisonniers français de Bulgarie peuvent recourir.

Santé. Il y a eu, pendant l'hiver, 60 cas de typhus exanthématique avec 5 décès. Seuls les Russes ont été atteints. Actuellement le camp est indemne, mais des cas se produisent encore en ville. L'épidémie, qui a duré 2 mois, a été combattue par les moyens connus : désinfection, bains, etc.

Les cas de maladies infectieuses ont été très rares. Il ne s'est guère produit de cas de neurasthénie ni de troubles nerveux. En revanche la faiblesse générale est commune, surtout chez les Roumains, qui sont, comme on nous l'a dit à plusieurs occasions, de constitution moins résistante.

Un étudiant en médecine russe fait la visite médicale; il affirme avoir tous les médicaments essentiels dans sa pharmacie que nous avons visitée. Il est assisté par un aide-pharmacien serbe. Tous les cas de maladie sont du reste transférés dans les hôpitaux en ville.

Cabinets. Ceux des logements, avec chasse d'eau.

Propreté. Pas de vermine. La propreté générale du camp paraît bonne, mais par le mauvais temps le préau, et partant les escaliers et les planchers, doivent être boueux.

Promenades. Officiers et soldats peuvent obtenir la permission de faire des achats en ville sous escorte. Le préau n'est pas très vaste.

Etat moral. Moyen. Plusieurs plaintes nous sont parvenues ici comme dans d'autres camps au sujet des punitions corporelles (25 coups de bâton).

Le commandant a les mêmes pouvoirs qu'un commandant de bataillon : il peut infliger jusqu'à 15 jours d'arrêts. En théorie les coups de bâton ne seraient infligés que pour les tentatives de fuite.

Distractions. L'Union chrétienne est en train d'organiser deux salles avec jeux, etc., qui rendront de grands services.

Solde. Les officiers reçoivent régulièrement du Gouvernement bulgare leur solde, qui est de 70 levas pour les lieutenants, 80 levas pour les capitaines, 90 levas pour les officiers supérieurs.

Service religieux. Les prisonniers peuvent fréquenter les différentes églises de la ville de Sofia où ils ont, entre autres, célébré les fêtes de Pâques.

Divers. Le colonel roumain Miclesco et son état-major de 5 officiers sont logés dans deux pièces. Le colonel s'est loué des excellentes intentions du Ministre de la guerre, qu'il connaît personnellement, ainsi que de ses bonnes relations avec le commandant du dépôt. Il se déclare favorisé en comparaison avec les autres officiers roumains prisonniers.

Les grands blessés, au nombre d'environ 30 Français, 25 Anglais, qui attendaient leur rapatriement depuis le mois de janvier n'ont formulé aucune plainte. En revanche, les prisonniers valides nous ont fait observer que ces hommes souffraient du fait de coucher sur le plancher. Nous avons le jour même demandé à M. le général Bradestiloff d'y apporter un changement. Il nous a informés que des ordres avaient été donnés précédemment pour la distribution de paillasses à ces hommes. Une seconde visite au camp, 10 jours plus tard, nous a permis de constater que les Anglais avaient reçu les leurs.

Un certain nombre de Français et autres ont été logés dans des wagons de chemin de fer jusque peu de jours avant notre visite, et se plaignaient d'avoir beaucoup souffert du froid pendant l'hiver. On nous a affirmé qu'un prisonnier serait décédé dans un wagon. La question des wagons ici et dans d'autres camps a été soulevée par nous dans notre rapport au Ministre de la guerre (voir ci-dessous page 50), qui nous a déclaré que les soldats bulgares et allemands travaillant sur les chemins de fer sont également logés dans des wagons. Néanmoins, en raison de la pénurie de combustible en Bulgarie, il nous semble que les prisonniers ne devraient pas être exposés à un second hiver dans des conditions semblables. Les soldats de l'armée nationale sont dans une autre situation sous beaucoup de rapports; ils peuvent par exemple aménager les wagons, faire des cloisons intérieures, diminuer les ouvertures, etc., ce qui n'est pas possible aux prisonniers.

Nourriture. Outre les 7 à 800 grammes de pain que les prisonniers de Bulgarie touchent chaque jour, ceux du camp I de Sofia ne recevaient qu'une soupe chaude le soir. Nous avons demandé que deux soupes chaudes au moins leur fussent distribuées quotidiennement, à midi et le soir.

Internés civils. Le dépôt contenait aussi quelques internés civils serbes et roumains, appartenant aux classes cultivées, qui n'ont pas formulé de plaintes, sauf en ce qui concerne la correspondance.

Détachement de travail. Nous avons visité, le 18 mai, le détachement de travail de l'école d'aviation de Bojourichte, à une quinzaine de kilomètres de Sofia. Ce détachement comprend une centaine de prisonniers, dont 35 Français, quelques Italiens et Roumains et une soixantaine de Serbes. Les prisonniers sont logés dans une grande baraque de bois. Ils font des travaux de terrassement, de construction et de manutentions diverses. Ils se sont plaints d'avoir parfois à travailler le dimanche. Nous avons immédiatement transmis cette plainte au Ministère de la guerre. La discipline du camp était devenue plus sévère peu de jours avant notre visite à la suite d'une tentative d'évasion et d'une tentative de détruire un avion, attribuée, peut-être à tort, à des prisonniers.

Dépôt n° 2, visité le 6 mai.

Dépôt de prisonniers de guerre serbes; il y a aussi quelques Russes. Camp d'exercice pour les soldats bulgares en temps de paix. Les prisonniers de guerre sont logés dans des baraques construites, à la manière du pays, en terre battue et blanchies à la chaux. La toiture, en tuiles rouges, est partout en bon état. Chaque baraque couvre une superficie d'environ 36 mètres carrés et peut loger de 20 à 30 hommes. Total des prisonniers de guerre : 1,002 sous-officiers et soldats.

Couchage. Sur des tréteaux inclinés à 50 cm. du sol, Dans certaines baraques en bois, les prisonniers couchent sur le sol, sur de la paille.

Préau. Vaste et ombragé.

Cabinets. Système de latrines, aucune observation.

Eau. Trois fontaines, eau de la ville.

Un appareil de *désinfection* est installé dans le camp. Les prisonniers sont envoyés régulièrement au bain.

Santé. Bonne. Il y aurait très peu de maladies parmi les Serbes, au dire du médecin russe.

Travail. Environ 500 hommes travaillent à des terrassements à proximité immédiate du camp. Les autorités se louent beaucoup du travail fourni par les Serbes. Les prisonniers de guerre occupés dans des entreprises particulières reçoivent 3 à 4 fr. par jour.

Les prisonniers ont aménagé à proximité du camp des jardins. Ils y cultivent des fleurs et des légumes qui leur sont destinés.

Distractions. Une baraque était en construction et devait être inaugurée par l'Union chrétienne fin mai.

Correspondance, etc. Les seules plaintes des prisonniers de guerre portent sur l'absence de nouvelles. Au dire du commandant, les Serbes ne reçoivent que peu de colis ou d'argent.

Dépôt n° 3, visité le 7 mai.

Total des prisonniers de guerre au dépôt : 3,542, dont :
Russes, 472; Serbes, 2,901; Roumains, 153; Italiens, 16.
Ce dépôt est divisé en neuf détachements, dont voici le détail :

	Russes	Serbes	Roumains	Italiens	Total
1.	—	350	—	—	350
2.	168	304	37	16	525
3.	304	862	7	—	1173
4.	—	641	109	—	750
5.	—	134	—	—	134
6.	—	240	—	—	240
7.	—	139	—	—	139
8.	—	64	—	—	64
9.	—	167	—	—	167
	472	2001	153	16	3542

Nous avons visité deux *détachements* : l'un (n° 3) de 1173 hommes, dont : Russes 304; Serbes 862 et Roumains 7; l'autre (n° 2) de 525 hommes, dont : Russes 168; Serbes 304; Roumains 37; Italiens 16.

Détachement n° 1. Baraques construites en bois et en mottes de gazon avec des toits de chaume recouverts de terre. Le plancher en terre battue est à 50 cm. au-dessous du niveau du sol. La seule fenêtre est une lucarne au-dessus de la porte. Ce système de construction semble assurer une température normale hiver comme été; malgré la pluie des jours précédents, l'intérieur des baraques était parfaitement sec. Le cube d'air semble suffisant.

Couchage. Sur de la paille qui aurait besoin d'être renouvelée plus fréquemment.

Santé. Bonne, sauf quelques cas de scorbut parmi les Russes. Un changement de régime serait à préconiser.

Correspondance. Plaintes nombreuses sur la lenteur du courrier.

Pour l'*eau* et la *nourriture* pas de remarque spéciale.

Trois wagons sont transformés en salles de bain avec douches d'eau froide.

Secours. Un comité de secours de la ville de Sofia s'occupe des prisonniers russes en premier lieu, ainsi que des Serbes, et a fourni des vêtements et des chaussures à plusieurs centaines de prisonniers de guerre. Les prisonniers se sont montrés très reconnaissants de cette aide qui leur était très nécessaire.

Travail. Au chemin de fer, déchargement des wagons, et réfection de la voie.

Détachement n° 2. A proximité du premier, et identique sous beaucoup de rapports pour la nourriture et le travail, etc. Ici les prisonniers sont logés entièrement dans des wagons. Nous avons constaté, déjà au mois de mai, une différence notable de température dans ies wagons et à l'extérieur.

Nous avons eu l'impression que certains prisonniers ici, notamment les Italiens, souffraient plus de la captivité que ceux du premier détachement. Il nous a été impossible de constater quelle en était la cause. Leur apparence était aussi plus misérable.

2. **Philippopoli.**

Visité le 9 mai 1917.

A 6 heures de chemin de fer de Sofia sur la ligne de Constantinople, dans la vallée de la Maritza. Le climat est sain, mais il y a de nombreuses rizières qui favorisent le développement des moustiques; malgré cela nous n'avons entendu aucune plainte au sujet de fièvres ou de maladies infectieuses. Le sol argileux est boueux après les grandes pluies. Le commandant, M. le lieutenant Nicoloff, professeur de mathémathiques, semble intelligent, très bien disposé, et se montre à juste titre très fier de son camp. Il est admirablement secondé par M. le lieutenant Stancioff, inspecteur des hôpitaux et camp de Philippopoli, qui connaît à fond les langues des différentes nationalités auxquelles appartiennent les prisonniers, ainsi que leurs pays.

Total des prisonniers dépendant du dépôt : 7647, dont :

	Officiers	Soldats	Total
Anglais	15	443	458
Français	9	269	278
Serbes	36	2394	2420

	Officiers	Soldats	Total
Russes	0	36	36
Roumains	0	973	973
Civils serbes			3441

Total des décès de nov. 1915 à mai 1917 : 71.

Malades actuellement à l'infirmerie : 42.

Présents au dépôt le 8 mai : 1947. Les autres se trouvaient dans les détachements de travail.

Baraques. Du type ordinaire à deux étages pouvant loger jusqu'à 400 hommes, mais pas surpeuplées. Construction ré-cente (1915).

Préau. Très grand, mais sans ombre. Grand emplacement de jeux pour les Anglais. Aucun fil de fer.

Pour l'*eau* et la *nourriture* aucune remarque spéciale.

Couchage. Sur des paillasses ou des matelas; les couver-tures sont très suffisantes.

Vêtements. Les Anglais et les Français sont bien habillés. Un wagon de secours pour les Français est arrivé dernière-ment et a permis de renouveler les vêtements. Le comman-dant peut, en conséquence, donner davantage aux Serbes et aux Roumains nécessiteux. Le fait que les prisonniers ven-dent souvent les vêtements neufs aux civils bulgares est la cause de sérieuses difficultés. Le fait nous a été du reste confirmé par l'officier supérieur anglais qui a été obligé de séquestrer les colis individuels envoyés à ses hommes. Il nous a été impossible de tenir compte des plaintes des hommes à ce sujet.

Vermine. Très peu.

Cabinet. Etablissement en bois au-dessus d'une eau cou-rante qui ne laisse rien à désirer, sauf par les grandes cha-leurs.

Travail. Tous les valides trouvent du travail soit dans les champs, soit dans l'industrie; rétribution 3 ou 4 fr. par jour.

Distractions. Une grande baraque vient d'être inaugurée par l'Union chrétienne. Les officiers anglais et français de-mandent des livres.

Beaucoup de plaintes au sujet de la lenteur de la *corres-*

pondance et la perte des colis. Nous avons l'impression que tous les envois parvenant au camp sont soigneusement acheminés sur les différents détachements. A notre avis, la cause du mal est à rechercher dans les services de transport, dont sont responsables les administrations de plusieurs pays.

Nous avons eu l'occasion de parler longuement sans témoins avec les officiers et sous-officiers anglais, français et autres. Les plaintes concernaient principalement les questions d'ordre intérieur et de discipline militaire (situation des officiers entre eux, et vis-à-vis de la troupe), dans lesquelles nous n'avions pas à intervenir.

Impression générale. Le camp de Philippopoli est sans aucun doute le meilleur en Bulgarie. Il a d.. reste été visité à plusieurs reprises par des personnalités bulgares et neutres.

3. Stara-Zagora.

Visité le 10 mai 1917.

A 4 heures de chemin de fer de Philippopoli, sur la ligne de Bourgas, au pied du Balkan. Situation et climat excellents. Prisonniers de guerre serbes avec quelques Russes. Le dépôt lui-même comprend un ancien établissement public avec huit ou dix chambres et une cour entourée d'une haute muraille. Lors de notre visite, il ne s'y trouvait que 38 prisonniers en tout, dont 2 Russes. Tous les autres étaient répartis dans les différents chantiers de travail disséminés en ville. On nous a cité le chiffre de 1105 prisonniers de guerre, auxquels il faut ajouter un certain nombre d'internés civils bulgares originaires de Macédoine (région de Prilep) hommes, femmes et enfants, logés dans une école. Les internés qui travaillent aux champs gagnent généralement 3 fr. et jusqu'à 6 ou 7 fr. par jour. Les prisonniers n'ont pas de couverture, mais seulement leurs manteaux; en revanche, ils ont généralement des nattes comme couchage.

Comme secours ils ont reçu, il y a 8 mois, des colis de France; rien depuis. Ils en recevaient auparavant de chez eux, et les nouvelles arrivaient assez régulièrement. Les lettres mettraient trois jours pour venir de Serbie. Une petite infirmerie avec trois matelas est installée dans le dépôt principal; tous les cas de maladie sont du reste évacués sur les hôpitaux.

A défaut d'une machine à désinfection, le médecin de division a fait construire dans ce dépôt une grande caisse en bois, hermétiquement fermée dans laquelle les vêtements sont très convenablement désinfectés à la vapeur.

Nous avons visité deux détachements en ville. Le premier, d'environ 150 hommes, est occupé, par l'évêque de Stara-Zagora, à la plantation d'arbres autour de sa demeure, située sur une colline dominant la contrée. Nous avons eu l'impression que les prisonniers étaient bien traités et que le travail qui leur est imposé n'est pas exagéré. Aucun des prisonniers serbes, ni ici, ni autre part en Bulgarie, parmi ceux que nous avons eu l'occasion de voir, ne portait des traces visibles de souffrances occasionnées par la faim ou par de mauvais traitements. Un des prisonniers avec lequel nous nous sommes entretenus longuement nous a raconté qu'il avait été capturé par les Autrichiens lors de la première invasion et qu'il avait réussi à s'évader en Italie. De là il avait été envoyé sur le front de Salonique et avait été de nouveau capturé par les Bulgares. A son avis, les prisonniers serbes étaient mieux en Bulgarie qu'en Autriche.

Nous avons également visité un autre détachement choisi au hasard sur la liste du commandant, au moment où les prisonniers de guerre, au nombre d'environ 200, revenaient de leur travail sur le chemin de fer. Les impressions que nous y avons recueillies ont été les mêmes.

4. Gorno-Panitchérevo.

Visité le 11 mai 1917.

A environ 16 kilomètres de Stara-Zagora. Situation excellente sur un sol sablonneux, sur des pentes descendant vers

!a rivière Tundcha à 20 km. environ de Kasanlik et adossé à des collines de 8 à 900 mètres.

Lieu de cure renommé en Bulgarie avec source thermale et bains.

Total des prisonniers présents au camp : 3656.

Serbes : officiers 59; soldats 1651. Internés civils de la première période : hommes 372, femmes 11, enfants 4, prêtres 84; internés civils depuis avril 1917 : 792.

Français : officiers 6, soldats 3, adjudants 2.

Anglais : officiers 5, sergent-major 1.

Russes : officier 0, soldats 55.

Roumains : officiers 2, soldats 615.

En outre, travaillant au chantier : 342 prisonniers de guerre.

Le camp étant un dépôt de malades et convalescents, le chiffre des décès depuis sa constitution est relativement élevé: 232 pour la période octobre 1916-avril 1917.

Tuberculeux	111
Typhus exanthématique	48
Anémie	9
Dysenterie	1
Entérite	3
Faiblesse générale	26
Divers	10

Une épidémie de typhus exanthématique sévissait depuis quelques mois dans ce camp. Nous nous sommes entretenus longuement avec un médecin roumain, lui-même convalescent du typhus. Un second médecin, étant lui-même atteint, ne pouvait soigner les malades. Un pharmacien roumain le secondait. Nous avons de suite demandé l'envoi d'un médecin supplémentaire dans ce camp, ce qui a été fait, nous a-t-on dit, avant notre départ de Bulgarie.

Le sang des malades avait été envoyé régulièrement à Sofia, depuis deux mois et demi, afin d'y être examiné.

Statistique de l'épidémie :

Nouveaux cas, du 15 au 31 mars : 51. Moyenne journalière : 3,2.

Du 1er au 30 avril : 81. Moyenne journalière : 2,6.

Du 1er au 10 mai : 39. Moyenne journalière : 3,.9

Décès :

Du 15 au 31 mars : 22. Moyenne journalière : 1,375.

Du 1er au 30 avril : 26. Moyenne journalière : 0,86.

Du 1er au 10 mai : 9. Moyenne journalière : 0,9.

Il en ressort que malgré l'augmentation notable de cas au mois de mai, la proportion des décès a baissé.

Le médecin roumain nous a expliqué les difficultés qu'il avait à surmonter. Les prisonniers de guerre, surtout les Roumains, ne veulent pas entrer à l'hôpital et ne se portent malades qu'à la dernière extrémité; ils se cachent et usent de tous les moyens pour se soustraire à la visite médicale. Au moment de notre visite, l'hôpital avait 33 malades et 39 hommes en observation.

Nos réclamations formulées sur place auprès du médecin de division, M. le Dr Reben, qui nous a fait du reste la meilleure impression par la conscience et l'intérêt qu'il porte à l'état sanitaire des camps, et plus tard auprès du Ministère de la guerre, ont porté sur les points suivants :

1. Réduction du nombre de prisonniers dans chaque baraque.
2. Construction de nouvelles baraques pour quarantaine d'entrée et de sortie du camp, etc.
3. Suppression de tout envoi de nouveaux prisonniers dans ce camp.
4. Construction de nouveaux cabinets à proximité immédiate des baraques, dispensant d'une surveillance trop stricte.
5. L'eau étant à distance, placer un réservoir suffisant à proximité de chaque baraque.
6. Faciliter le bain pour les officiers; obliger les hommes

à se laver et à faire la lessive du linge désinfecté; sur-
veiller la propreté de la tête des prisonniers.

7. Lavage et désinfection des baraques tous les 15 jours.

8. Assurer la présence constante de deux médecins dans
le camp.

9. Baraques séparées pour les officiers.

Les points 1, 2, 3, 5, 7 et 8 nous ont été de suite accordés.
On nous a promis des tinettes à la porte de chaque baraque
pour la nuit. La question de l'eau serait aussi soigneusement
étudiée ainsi que la possibilité de laisser accéder les prisonniers à la rivière, tout en évitant les risques de propagation
de l'épidémie.

Nous avons également demandé à Sofia qu'on envoie une
seconde machine à désinfecter, une seule ne pouvant suffire
aux besoins. Environ 700 prisonniers, presque tous des internés civils, se trouvaient à proximité immédiate des baraques de malades, sous des tentes, où ils subissaient une quarantaine de 21 jours. Ils seront transférés dans un autre
camp le plus promptement possible. Le commandant et le
médecin-major n'avaient du reste qu'un désir : dégorger le
camp le plus promptement possible, tout en observant les précautions de rigueur. Par un heureux hasard une baraque des
Unions chrétiennes venait d'être terminée, ce qui portait le
nombre total des baraques à 8. Cette dernière construction
avait été immédiatement transformée en hôpital, mais pré-
sentait le grave inconvénient de devoir servir à la fois pour
les malades et pour les cas en observation.

Un premier détachement de 115 hommes, évacués sur le
camp de Hascovo, avait, malgré une quarantaine sans doute
insuffisante, introduit l'épidémie dans ce camp (voir ci-dessous p. 41). Il est évident que les autorités à Gorno ont eu à
lutter avec des difficultés spéciales. Leur tâche était rendue
plus difficile par l'état de dépression morale qui régnait
parmi les prisonniers, provenant surtout des causes suivantes :

1. L'épidémie et le danger d'infection.

2. La variété de nationalités et leurs besoins très différents au point de vue de l'hygiène.

3. Le fait que les officiers français et anglais qui se troù-
   vent dans ce camp, y sont en punition par suite de
   tentatives d'évasion de Philippopoli.
4. Le mélange de prisonniers de guerre et d'internés civils dans un même camp.
5. Les tentatives de fuite causées par la crainte de la maladie et en conséquence, la surveillance très sévère, surtout la nuit, qui a eu pour résultat des accidents fâcheux et même des coups de feu et des morts.

Tous les prisonniers étaient d'accord pour déclarer les cabinets insuffisants quant au nombre et à leur situation.

En ce qui concerne la situation des officiers français et
anglais, nous avons demandé leur prompt transfert dans un
autre camp. Nous estimons que la tentative d'évasion, entreprise non par eux mais par un camarade, avait été plus
qu'expiée par plusieurs mois passés à Gorno-Panitchérévo,
dans des conditions de logement auxquelles les officiers
bulgares en Angleterre et en France ne sont, croyons-nous,
pas soumis. Les officiers se sont également plaints que
la solde qui leur était due de la part du Gouvernement bulgare ne leur avait pas été payée pendant 7 ou 8 mois avant
leur arrivée à Gorno.

Les plaintes habituelles ont aussi été formulées au sujet
de la correspondance et des colis. En outre, par suite de
l'épidémie, il n'y avait plus possibilité de s'approvisionner au
dehors et les prix des denrées amenées au dépôt leur semblaient exagérés.

Nous avons trouvé parmi les internées civiles de ce camp
une institutrice de Paris, sérieusement atteinte dans sa santé
et convalescente du typhus exanthématique. Nous avons demandé aux autorités compétentes son évacuation, si possible
sur la ville de Carlovo, où se trouvent la plupart des confinés
civils, et mieux encore son rapatriement en France.

5. Hascovo.

Visité le 12 mai 1917.

Ville située au sud du chemin de fer de Philippopoli à Andrinople, au pied du Rhodope oriental, à 20 km. environ de la gare.

Le total des prisonniers, lors de notre visite, était de 1344. Aux chantiers et à l'hôpital se trouvaient 519 prisonniers de guerre. Etaient présents 825 hommes. Un détachement de 115 hommes évacués de Gorno se trouvait aussi à Hascovo.

	Officiers	Soldats	Total
Russes	2 (2)	171 (64)	173
Anglais	1 (1)	0	1
Français	0	3 (3)	3
Italiens	7 (7)	6 (6)	13
Serbes	3 (3)	303 (74)	
Civils : hommes 197 (64), femmes 3 (3)			506
Roumains	421 (412[1])	18 (16)	
prêtre 1 (1), interné civil 1 (1)			441
Bulgares : prêtres 2 (2), hommes 193 (156)			
femmes 10 (10), enfants 2 (2)			207

Total : 434 officiers, 501 soldats et 409 internés civils.

N. B. Les chiffres entre parenthèses indiquent les prisonniers présents.

Logement. Trois grandes baraques pouvant contenir environ 250 hommes chacune; une quatrième est en construction. Une baraque moyenne et plusieurs petites en terre battue, blanchies, avec des toits en tuiles à la mode du pays.

Dans deux baraques au moins nous avons constaté que la pluie pénétrait en plusieurs endroits au grand désagrément des officiers dont les couches étaient inondées.

Le logement est absolument insuffisant, spécialement pour les officiers. Il en est de même du couchage.

Situation. Semble saine en raison de sa position élevée,

---

[1] 7 officiers malades en ville et 2 médecins militaires transférés à Andrinople.

mais le sol en est argileux et était, lors de notre visite, fortement boueux.

Eau. Doit être apportée d'au moins 500 mètres; provision nettement insuffisante. Nous avons présenté des réclamations à ce sujet au Ministère de la guerre. (Voir ci-dessous, p. 51-52.)

Soins médicaux. L'épidémie de typhus qui avait été amenée par le détachement de Gorno était éteinte. Une infirmerie avait été établie au camp quelques jours avant notre arrivée et un médecin roumain était en fonctions depuis 3 semaines environ. D'après ses dires, il n'y avait aucun cas de maladie épidémique, mais quelques cas de tuberculose. Les médicaments seraient fournis en quantité suffisante.

Correspondance et nourriture. Plaintes assez vives de la part des Roumains et des Italiens. Une amélioration aurait été apportée sous le rapport de la nourriture, comme du reste à d'autres égards, depuis que notre visite avait été annoncée.

Cantine. Des plaintes se sont produites au sujet du prix des denrées à la cantine. Le tarif affiché aurait été revisé le jour même de notre arrivée et porté à des prix inférieurs à ce qu'ils étaient auparavant. Les prisonniers n'auraient encore pu se procurer de vivres aux nouveaux prix.

Depuis le 3 mai, les officiers recevaient 2 soupes par jour au lieu d'une. Une statistique exacte de la nourriture que les officiers roumains auraient reçue depuis leur arrivée, d'octobre 1916 jusqu'en mai 1917, nous a été présentée. Le Ministère de la guerre ayant stipulé qu'on ne devait nous remettre aucun écrit, nous l'avons fait transmettre par lettre du commandant à Sofia.

Quant à la plainte des officiers roumains qui, pendant 10 jours en avril, n'auraient reçu comme toute nourriture qu'un demi-pain d'environ 500 grammes par jour, le commandant nous a expliqué que, par suite d'erreur, les convois n'étaient pas arrivés et que la garde elle-même n'avait reçu ces jours-là qu'une ration analogue. Nous n'avons pas été à même d'approfondir cette question. Quoi qu'il en soit, les officiers réclament d'organiser leur cuisine eux-mêmes.

Cabinets. Fosse à ciel ouvert, sans aucune espèce d'installation. Nous avons insisté sur le fait qu'une installation fortuite de campagne ne saurait être suffisante pour plus de 400 officiers, internés depuis de longs mois. En outre, la possibilité de chutes dans un fossé profond, de nuit ou par le mauvais temps, ne nous semble nullement exclue pour les prisonniers affaiblis par une longue captivité.

Etat moral. Un officier anglais, qui avait été envoyé à Hascovo en raison d'une tentative de fuite, s'est montré assez calme. Il n'a formulé qu'un désir, celui d'avoir une couchette sur trois planches élevées au-dessus du sol afin d'être plus à l'abri de la vermine.

Les officiers italiens ont surtout réclamé des vêtements propres et se sont plaints de la lenteur de la correspondance.

Quant aux officiers roumains, qui avaient été pris à Tutrakan quelques jours après le début de la guerre, leurs réclamations étaient nombreuses et violentes, mais semblaient porter plutôt sur des incidents qui se sont produits lors de leur capture, au cours de leur déportation, ainsi que dans les camps de Cardjali et de Oustovo. Nous avons donc dû nous contenter de transmettre ces réclamations au Ministre de la guerre, notre tâche devant se borner à constater l'état actuel des choses et les points sur lesquels une amélioration immédiate semblerait désirable et possible.

Les officiers se sont plaints également de ne pas avoir reçu leur solde. Depuis leur capture il ne leur avait été remis que deux fois 31 levas. Nous avons été d'autant plus heureux de pouvoir faire, par l'intermédiaire du commandant du camp, une distribution de 88 levas à chaque officier, somme qui nous avait été confiée par M. le ministre d'Espagne à Sofia pour leur être distribuée, avec l'autorisation du Ministère de la guerre.

Les demandes que nous avons formulées au sujet de Hascovo auprès du Ministère portaient principalement sur les points suivants :

1. Traitement des officiers.
2. Décongestionnement des baraques.
3. Réorganisation des cantines.

4. Construction de cabinets sommaires.
5. Solde des officiers.
6. Allocation d'un certain nombre d'ordonnances aux officiers.
7. Réorganisation du service d'eau, afin de créer la possibilité de bains et de lessive dans le camp.

Il est certain, en effet, que la situation qui est faite aux officiers dans les baraques surpeuplées de Hascovo est nettement insuffisante et exige une réforme immédiate.

6. Orhanié.

Visité le 15 mai 1917.

Ce camp est situé sur le versant nord du Balkan, à environ 85 kilomètres de Sofia. On y accède par une route traversant la montagne à une altitude de 950 mètres. Comme pour les autres camps que nous avons visités en Bulgarie, la situation semble bien choisie et le climat bon.

Statistique des prisonniers le 15 mai 1917 :

Russes : officiers 109, dont 3 malades à Sofia.
            soldats 20, dont 2 évadés.
Serbes : soldats 227, dont 7 en détachement de travail.
Roumains : officier 1.
Français : soldat 1, et 1 aviateur à l'infirmerie.
Serbes : internés civils 87, dont 1 à l'infirmerie.
Total des prisonniers présents : 432.

Les internés civils devaient être évacués sous peu sur un autre camp.

Logement. Les officiers russes sont logés dans de petites baraques de 10 mètres sur 5 m. 50, contenant de 10 à 12 lits de camp, qui sont pourvus suffisamment de matelas et de couvertures. Ces baraques en briques, recouvertes de tuiles, forment des logements secs, mais sans doute difficilement chauffables en hiver. L'espace autour des baraques est fort restreint et le camp entier est entouré de réseaux de fil de fer. Les officiers avaient été logés en février et mars dans un ancien corps de bâtiment mieux aménagé où ils étaient beaucoup plus au large et jouissaient d'une liberté assez grande. Par suite de plusieurs tentatives de fuite, ils ont été soumis à une discipline plus sévère et ramenés dans l'enceinte de fils barbelés.

Les plaintes portaient sur la nourriture, sur la cherté des vivres, sur l'humidité du camp par les temps de pluie et surtout sur la lenteur et l'irrégularité de la correspondance. Certains prisonniers n'avaient rien reçu depuis 8 mois. Aucune plainte au sujet de la solde qui leur est payée régulièrement par l'Etat bulgare. Ces messieurs ont formulé une plainte au sujet des officiers aspirants qui ne seraient pas reconnus par la Bulgarie et recevraient par conséquent une somme inférieure à celle à laquelle ils estimaient avoir droit. Les autres réclamations ont porté sur les points suivants :

1. L'intérieur des baraques n'étant pas crépi, il était difficile d'y entretenir la propreté.

2. Le manque de linge commençait à se faire sentir, la dernière distribution ayant été faite le 9 mai 1916. Depuis lors, les officiers ont reçu des secours en vêtements du Comité de Sofia.

3. Les cabinets sont assez éloignés des baraques et sont à ciel ouvert. Une toiture sommaire serait à désirer.

4. Les prisonniers auraient souffert du froid en hiver. Nous avons, du reste, entendu cette plainte à plusieurs reprises en Bulgarie et en avons référé au Ministre de la guerre. Celui-ci nous a expliqué que le manque de charbon et de bois avait été tel que même les hôpitaux bulgares et le Ministère lui-même, n'avaient pu être chauffés à certaines époques.

5. Les *soins médicaux* laisseraient à désirer. Nous avons visité l'infirmerie où étaient soignés, par un médecin grec, des soldats bulgares et des prisonniers, entre autres un aviateur français. La pharmacie nous a paru suffisante et les malades semblaient bien soignés. Le commandant nous a dit que pendant l'hiver il n'y avait pas eu de médecin, pas plus pour les prisonniers de guerre que pour la garnison et la

population de la ville. Le manque de personnel sanitaire à l'arrière est du reste une des questions qui préoccupent le plus les autorités en Bulgarie.

Punitions. Depuis l'automne 1916, il n' yavait eu que 10 punitions infligées, consistant en un certain nombre de jours d'arrêts. Un officier a été puni de 22 jours d'arrêts par suite d'une tentative d'évasion. Il n'y a pas de chambre séparée d'arrêts pour les officiers et les officiers bulgares punis sont internés dans le même local.

Promenades. Les prisonniers peuvent aller, sous escorte, en ville pour faire leurs achats; ils peuvent également y prendre des bains, ce qui est très apprécié.

Distractions. La bibliothèque de la garnison est à la disposition des officiers russes. En outre, ils sont autorisés à acheter les journaux bulgares.

Etat moral. Nous a semblé bon, à quelques exceptions près. Les prisonniers russes, ici comme partout en Bulgarie, sont au fond le moins à plaindre. Les affinités de race, de religion et de langue sont de nature à adoucir leur captivité. La reconnaissance de la Bulgarie envers la Russie et le souvenir des guerres de libération font que les Bulgares ne traitent pas les Russes en prisonniers ennemis. Nous avons vu des soldats russes qui habitaient la même baraque que la garde et partageaient leur nourriture avec eux. Notre impression a été du reste confirmée par un officier supérieur russe, M. le colonel von Lank.

Tous les officiers russes prisonniers en Bulgarie étaient, nous a-t-on dit, à Orhanié, sauf 2 que nous avons vus à Hascovo.

Nous avons reçu, d'autre part, des plaintes assez vives d'un officier supérieur de marine russe, qui estimait être en butte à des vexations spéciales. Il nous a semblé qu'il s'agissait là d'un cas individuel. Nous avons recommandé cet officier à la bienveillance spéciale du commandant de camp.

IIme PARTIE

Mémoire présenté par les délégués au Ministère de la Guerre à Sofia, au retour de leurs visites dans des dépôts de prisonniers en Bulgarie, le 18 mai 1917.

A S. E. Monsieur le Ministre de la Guerre
A Sofia.

Monsieur le Ministre,

Votre Excellence a bien voulu, le 6 mai dernier, demander à la délégation du Comité international de la Croix-Rouge un premier rapport sur ses visites à des camps de prisonniers en Bulgarie.

La délégation s'empresse de répondre à ce vœu. Elle tient tout d'abord à exprimer à V. E. toute sa reconnaissance pour les facilités et prévenances de tout genre dont elle a été l'objet au cours de son voyage de la part des autorités militaires et des officiers de tout grade. Nous prions en particulier Monsieur le Ministre de la guerre de bien vouloir transmettre tous nos remerciements à M. le général Zenoff à Sofia, à M. le colonel Zafiroff et à M. le lieutenant Stancioff, à Philippopoli, à M. le colonel Bochniakoff et à M. le colonel médecin Reben, à Stara-Zagora, à M. le lieutenant-colonel commandant de place à Hascovo, ainsi qu'à M. le médecin-chef dans la même ville, à MM. les officiers de la garnison d'Orhanié, ainsi qu'à tous les commandants des camps que nous avons visités.

Nous avons eu le plaisir de rencontrer à Stara-Zagora

M. le général Mitoff, qui nous a donné de précieux renseignements sur ses inspections dans les camps de prisonniers et sur les réformes dont il se propose de demander l'introduction.

Le wagon spécial et l'automobile que M. le colonel Loloff a bien voulu mettre à notre disposition, sur l'ordre du Ministère de la guerre, nous ont rendu les plus précieux services et ont grandement facilité notre voyage.

Nous autorisant de la demande que Votre Excellence nous a adressée, nous nous permettons de lui exprimer quelques vœux et de lui signaler quelques faits qui ont attiré notre attention, assurés que nous sommes de la bienveillance avec laquelle V. E. les examinera. Nous devons d'ailleurs faire observer que, par suite de la rapidité de notre visite et du temps limité dont nous disposions, nous ne pourrons présenter qu'un rapport sommaire, qui n'a aucune prétention à être complet.

Nous nous rendons fort bien compte d'ailleurs que les circonstances de la guerre actuelle, le grand nombre des prisonniers, les difficultés d'approvisionnement, la nécessité dans laquelle s'est trouvé le Gouvernement bulgare d'improviser rapidement le logement, l'alimentation de bien des milliers de prisonniers et d'un nombre plus considérable encore d'internés civils, hommes, femmes, enfants, cela alors que toutes les forces de la nation devaient se porter vers les fronts de combat, ont constitué une tâche difficile. Nous ne saurions faire abstraction de ce point de vue dans nos appréciations, et nous nous faisons un plaisir, au contraire, de rendre justice à l'effort accompli déjà pour améliorer le sort du prisonnier de guerre en Bulgarie. Nous avons apprécié tout particulièrement à cet égard les heureux résultats obtenus par les inspections récentes de M. le général Mitoff dans les camps de prisonniers, et nous sommes convaincus que de telles améliorations auront un effet bienfaisant sur la situation matérielle et morale des prisonniers.

Nous groupons les principales questions qui font l'objet de nos observations sous quatre chefs principaux :

I. Conditions matérielles des prisonniers. (Logement, couchage, eau potable, propreté du corps, lavage du linge, désinfection, nourriture, soins médicaux, etc.).
II. Conditions morales. (Correspondance, secours en argent et en nature, distractions, pénalités, etc.).
III. Traitement des officiers et des prêtres.
IV. Question des internés civils.

I. Conditions matérielles.

A. *Logement.*

La question du logement est une des plus intéressantes parmi celles dont nous avons eu à nous occuper. Elle prendra une importance particulière pendant les fortes chaleurs de l'été et au début de la saison froide. Nos demandes actuelles ont surtout en vue les améliorations qui pourront être réalisées immédiatement. Pour l'hiver, des mesures spéciales devront être envisagées ultérieurement.

Nous insistons en particulier sur le décongestionnement des *baraques* de prisonniers.

Hascovo et *Gorno-Panitchérévo* nous ont paru trop peuplés et les baraques trop remplies, comportant un cube d'air insuffisant pour le nombre de leurs habitants. Cinq mètres cubes d'air par homme nous semblent un minimum absolument indispensable, ce qui réduirait à environ 250 à 270 le nombre des habitants des baraques de 30 m. sur 9 m. et 140 à 150 celui des baraques de 20 m. sur 7 m.

A cet égard, l'établissement de baraques plus petites que celles que nous avons vues à Hascovo et à Panitchérévo nous paraît devoir être recommandé pour l'avenir. Ce système permettra, mieux que jusqu'ici, la séparation des prisonniers en différentes catégories, dont les principales devraient être :

baraques d'observation pour les nouveaux arrivés dans les camps;

baraques de quarantaine dans les camps infectés pour les
cas suspects ainsi que pour les prisonniers dont on envi-
sage le départ;

baraques pour malades;

baraques pour contagieux, etc.

Cette division en différentes catégories, qui a donné des résultats absolument concluants en Autriche-Hongrie, contribuerait efficacement à éteindre promptement les épidémies.
Actuellement, le contact constant des suspects et des bien
portants risque de prolonger les quarantaines, ou de propa-
ger des maladies, telles que le typhus exanthématique, par le
départ de sujets non absolument indemnes de toute infection.

Nous recommandons par conséquent, autant que possible, la
division des prisonniers en petites sections séparées les unes
des autres, soit d'une façon générale, soit tout spécialement
dans les camps infectés. Nous avons été heureux d'apprendre
que, à *Panitchérévo*, la construction de nouvelles baraques
était déjà décidée.

Dans le même ordre d'idées, nous recommandons que les
internés civils soient logés dans des camps différents de ceux
des prisonniers, ou tout au moins qu'ils soient installés dans
des sections nettement séparées. Les civils, provenant de localités parfois misérables et peu hygiéniques, peuvent apporter
aux prisonniers des germes morbides et sont par conséquent
pour leur santé un danger constant. Ajoutons que la promis-
cuité des prisonniers militaires avec des civils, parmi lesquels se trouvent des femmes, des enfants, et, d'autre part,
des sujets indisciplinés, nous paraît fâcheuse pour la discipline et pour les conditions morales générales des camps.

Nous avons vu des prisonniers : dans des immeubles (Sofia, n° I, Stara-Zagora, dépôt), dans de petites baraques en
bois à 30 ou 50 places (Sofia n° II), dans de grandes baraques (Hascovo, Gorno-Panitchérévo) où sont logés entre 300
et 500 prisonniers, dans des huttes en bois et en terre (Sofia
n° III), dans des wagons de chemin de fer (Sofia n° III),
enfin dans de petites maisonnettes en briques couvertes de
tuiles (Orhanié).

Nous pensons que le système des petites baraques du camp II à *Sofia,* et même celui des huttes en terre, présentent certains avantages. Les petites maisons en briques à *Orhanié* nous semblent aussi répondre aux besoins des prisonniers.

Les huttes en terre pourraient fort bien être construites par les prisonniers eux-mêmes sous la direction d'officiers et de sous-officiers du génie.

Quant aux *wagons de chemin de fer,* ils ne peuvent, à notre avis, être considérés que comme des logements tout à fait provisoires, peu hygiéniques, aussi bien pendant les fortes chaleurs de l'été que pendant les froids de l'hiver.

Nous demandons instamment à Monsieur le Ministre de la guerre de bien vouloir en faire abstraction comme logements permanents. (Voir ci-dessus p. 28, 29 et 32.)

B. *Couchage.*

Le couchage des prisonniers nous semble devoir comporter certaines mesures d'exception dans des cas spéciaux. Sans doute le soldat bulgare couche sur le sol ou sur une simple natte, et le Gouvernement bulgare ne doit pas aux prisonniers un traitement meilleur qu'à ses propres soldats. Mais l'affaiblissement résultant d'un long internement, la dépression physique et morale que présente après peu de temps le prisonnier, privé d'exercice, peu nourri, abattu, le placent dans des conditions tout autres que le soldat. Les hommes blessés, ou qui ont subi une opération, sont à cet égard particulièrement à considérer. Nous demandons donc une paillasse pour les malades et les blessés (*Sofia,* camp n° I) et, en hiver tout au moins, une couverture.

Nous avons constaté du reste que dans différents camps, les prisonniers ont été munis d'une paillasse et en sont très reconnaissants. Sans doute ce mode de couchage expose à la vermine et il exige un renouvellement fréquent de la paille.

Enfin, le couchage sur des plans surélevés (« Pritschen ») comme dans les baraques du camp n° II à *Sofia,* est préférable au couchage sur le sol. Il a été adopté dans tous les camps que nous avons visités en Allemagne et en Autriche-

Hongrie, où une paillasse (relevée contre la paroi pendant le jour et aérée au dehors par le beau temps) est accordée à chaque prisonnier.

C. *Nourriture.*

La nourriture des prisonniers étant, par suite des conditions économiques, réduite à une proportion relativement peu abondante, certaines compensations nous paraissent devoir être assurées aux prisonniers.

Sans doute la ration de pain d'environ 800 grammes accordée en Bulgarie et l'excellente qualité de ce pain comportent un fond solide d'alimentation. Mais il nous semble que le prisonnier devrait être assuré de recevoir régulièrement deux fois par jour une soupe chaude. A *Philippopoli*, il reçoit en outre une boisson chaude le matin. Au camp n° I de *Sofia* nous avons constaté en revanche que les prisonniers ne reçoivent qu'une soupe chaude le soir, ce qui nous paraît insuffisant.

La privation de nourriture comme punition nous paraît être une mesure nettement nuisible à la santé des prisonniers, et de ce fait devrait être interdite aux autorités des camps.

L'établissement d'une cantine dans tous les camps, fournie d'aliments divers utiles à la santé des prisonniers, de sous-vêtements, etc., à des prix modérés, réglés par les autorités et affichés dans le camp, nous paraît à recommander. Nous avons été heureux d'en voir une à Hascovo; la possibilité est ainsi offerte aux malades, aux affaiblis et aux prisonniers auxquels ne convient pas l'alimentation qu'ils reçoivent, d'obtenir un supplément d'alimentation nécessaire.

D. *Eau.*

La fourniture d'eau potable et de lavage en abondance dans les camps de prisonniers est une condition nécessaire à la bonne hygiène du camp.

L'eau doit être d'un accès facile et constant. A cet égard, les camps de *Gorno-Panitchérévo*, de *Hascovo* et d'*Orhanié* présentent une lacune fâcheuse. L'eau y est en quantité insuffisante pour les besoins d'une bonne hygiène. A *Gorno-Panitchérévo*, le médecin de division nous a signalé le manque de récipients. Nous avons demandé que l'on place un tonneau à robinet à portée de chaque baraque. Mais même ces mesures ne sont que d'une efficacité relative au point de vue de l'hygiène, l'eau risquant d'être infectée dans les récipients. La quantité fournie au camp est nettement insuffisante pour les soins de propreté. Depuis fort longtemps les prisonniers ont été dans l'impossibilité de se laver convenablement.

Il nous semblerait utile d'élargir à *Panitchérévo* le cordon de surveillance du camp et de permettre aux prisonniers d'accéder à la rivière, ou à telle autre source d'eau, et d'instituer, en outre, des équipes de prisonniers pour améliorer, dans la mesure du possible, l'alimentation de l'eau dans le camp. Cette mesure contribuerait sans doute, en favorisant la propreté corporelle, à l'extinction de l'épidémie de typhus exanthématique. Nous ne pensons pas qu'il y ait de danger pour la population à ce qu'une maladie qui ne se propage que par les poux risque de se transmettre par l'eau de la rivière.

Quoi qu'il en soit, cette question de l'eau est urgente dans un camp qui présente le double inconvénient d'être actuellement surpeuplé et infecté de typhus exanthématique.

La même observation nous semble devoir être faite en ce qui concerne les camps de *Hascovo* et *Orhanié*, où l'eau apportée du dehors est fournie en quantité insuffisante, en particulier pour le lavage. Nous ignorons quelles améliorations peuvent être apportées à cet égard dans ces camps, ne sachant pas d'où l'eau est tirée, mais nous considérons comme une mesure urgente pour la santé des prisonniers que la possibilité leur soit donnée de lavages fréquents et complets, autant que possible même de bains. Nous avons constaté avec satisfaction que, à *Philippopoli* et à *Orhanié*, les officiers prisonniers ont l'autorisation d'aller prendre des bains en ville.

Nous avons été heureux de constater que la *désinfection*

des effets des prisonniers par des appareils à air chaud est
assurée dans différents camps. On ne saurait trop recommander d'étendre cette mesure à tous les dépôts. M. le D^r
Reben, à Stara-Zagora, nous a montré un appareil impro-
visé peu coûteux, qui nous paraît répondre fort bien aux besoins et pouvoir facilement être reproduit ailleurs.

Du même point de vue et pour diminuer les risques d'infection, les nouveaux venus dans les camps devraient être
soumis à un examen attentif de propreté et, au besoin, subir
une désinfection scrupuleuse, comportant une surveillance
exacte de la tête et les cheveux coupés courts.

Le *lavage du linge* des prisonniers doit être facilité dans
la mesure du possible. A cet égard aussi l'abondance de l'eau
dans les camps peuplés ou à proximité de ces camps est
chose urgente.

Si les conditions, excellentes à tous égards, du camp de
Philippopoli pouvaient être étendues à tous les autres dépôts, les prisonniers ne pourraient que s'en féliciter, et l'hygiène des camps en serait considérablement améliorée à
tous égards, ce qui est un avantage pour la population civile
elle-même.

E. *Lieux d'aisance.*

La question des lieux d'aisance est non moins importante. Si leur éloignement relatif des baraques est nécessaire,
en raison des dangers d'infection, il importe que leur accès
réponde aux besoins de la santé et de la sécurité des prisonniers. Des constructions sommaires nous semblent en outre
devoir être recommandées, notamment en raison des prisonniers affaiblis ou malades et pour d'autres motifs.

L'éloignement trop grand de ces établissement expose,
d'autre part, les prisonniers à la défiance de leurs gardiens,
lorsqu'ils doivent sortir la nuit. Différents cas malheureux à
Gorno-Panitchérévo, qui ont causé la mort de quelques prisonniers, nous ont amenés à demander au médecin de division à Stara-Zagora, l'établissement de tinettes mobiles à
proximité immédiate de chaque baraque pour l'usage de la

nuit. Des équipes de prisonniers seraient chargées d'assurer la propreté absolue de ces installations. Il importe, du reste, que le service d'entretien de propreté à cet égard soit systématiquement ordonné par des équipes alternatives de prisonniers. Le service d'hygiène des camps en Autriche-Hongrie a réussi, dans des conditions parfois spécialement difficiles, à régler d'une façon absolument satisfaisante cette question si urgente au point de vue sanitaire, surtout pendant la saison chaude alors que les mouches pullulent.

En résumé, une amélioration de ces installations nous paraît s'imposer dans la plupart des camps, en particulier à *Hascovo*. (Voir ci-dessus p. 41-42.)

F. *Soins médicaux.*

Nos rapides visites ne nous ont pas permis de nous faire une opinion concrète sur les soins médicaux dans les camps. En revanche nous avons constaté avec une vive satisfaction l'excellente organisation des hôpitaux à *Sofia* et à *Philippopoli*. Nous avons eu l'impression que de sérieux efforts ont été faits pour assurer le soin des malades. Cependant, des camps comportant plusieurs milliers de prisonniers, comme *Panitchérévo* et *Hascovo*, devraient pouvoir disposer de ressources médicales plus complètes et d'un personnel plus nombreux.

Nous recommandons que les malades soient envoyés à l'infirmerie sans retard et dès l'éclosion de leur maladie. Il est important qu'ils soient éloignés des camps ou internés dans des baraques spéciales, mieux aménagées et pourvues de paillasses.

Des prisonniers nous ont demandé, à *Hascovo*, d'intercéder pour qu'ils soient autorisés à se faire soigner les dents.

Cette question a préoccupé les autorités en Allemagne, en France et ailleurs, et l'on a cherché à faciliter dans la mesure du possible les soins de la bouche. Les maladies des dents, ou leur insuffisance, contribuent en effet pour beaucoup à l'affaiblissement des prisonniers et aux troubles de leur nutrition. Nous recommandons donc que des facilités soient accordées à cet égard aux prisonniers et qu'une autorisation leur soit donnée de se rendre chez le dentiste de la localité la plus rapprochée.

G. *Rapatriement.*

Nous demandons que l'autorité militaire prescrive aux médecins des camps de lui signaler tous les cas d'incapacité au service militaire parmi les prisonniers, de façon que ces hommes soient notés sans tarder pour le rapatriement, aussitôt que les accords à cet égard seront entrés en vigueur. Nous avons vu, soit dans les camps, soit dans les hôpitaux des malades et des blessés tout désignés pour bénéficier de cette mesure, et qui n'avaient pas encore été signalés comme tels.

Nous souhaitons que le Gouvernement bulgare intervienne auprès des gouvernements intéressés pour réaliser, avant la mauvaise saison, le rapatriement de catégories étendues de prisonniers malades et blessés, et entre à cet égard si possible dans les vues qui ont amené les Gouvernements allemand et français à étendre récemment dans de très larges mesures les catégories des rapatriables, en y faisant entrer les prisonniers âgés, les prisonniers captifs depuis une période prolongée, les prisonniers déprimés physiquement et moralement, etc.

Nous souhaitons que le transport de prisonniers à rapatrier puisse ne pas être différé trop longtemps et être repris périodiquement, tous les six mois par exemple, et cela naturellement, d'un côté comme de l'autre.

On ferait rentrer, en tous les cas, dans la catégorie des rapatriés, les amputés d'un membre, les hommes atteints d'ankylose d'une articulation importante, toutes les blessures comportant l'incapacité du service, et en outre les tuberculeux et les malades atteints de maladies chroniques incurables, qu'il s'agisse de militaires ou de civils.

Nous avons entendu, à cet égard, quelques réclamations individuelles, que nous prendrons la liberté de signaler à Monsieur le Ministre de la guerre.

II. Conditions morales.

A. *Traitement dans les camps.*

L'inaction prolongée à laquelle sont condamnés une forte proportion des prisonniers nous paraît devoir être atténuée par des mesures de bienveillance comportant, entre autres, une liberté de mouvement aussi grande que cela est compatible avec la discipline militaire, des facilités pour l'envoi de lectures, etc., des exercices physiques, comme cela se pratique dans la plupart des autres pays.

Il est tout naturel que les commandants des camps, dont la plupart nous paraissent surchargés par une besogne considérable, qui suffirait à occuper plusieurs officiers, ne puissent pas, malgré toute leur bonne volonté, disposer des loisirs nécessaires pour s'occuper de ces questions. Mais il nous semble important qu'ils aient à côté d'eux, pour les seconder, des agents de liaison, interprètes, etc., parlant autant que possible les langues des prisonniers. Il faudrait, nous paraît-il, utiliser plus qu'on ne l'a fait jusqu'ici, les services de prisonniers intelligents, disciplinés et raisonnables, qui peuvent prendre une heureuse influence sur leurs compatriotes et établir une plus grande confiance entre les commandants de camps et les prisonniers. Ce système fonctionne maintenant dans plusieurs pays; nous avons eu le plaisir de le rencontrer à *Philippopoli,* mais il pourrait avantageusement être généralisé. Il pourrait amener ainsi dans les camps une détente qui serait favorable à la discipline elle-même.

D'autre part, nous recommandons que les camps soient pourvus d'une garde suffisamment nombreuse. Une garde trop peu nombreuse craint toujours d'être débordée. Elle devient nerveuse et il peut plus facilement résulter de cet état de choses des excès de sévérité ou de fâcheux accidents.

Nous sommes reconnaissants aux autorités du bon accueil qu'elles ont réservé aux représentants de l'Alliance universelle des Unions chrétiennes des jeunes gens, dont l'œuvre complète très heureusement celle entreprise par la Croix-Rouge.

Nous recommandons également aux commandants des camps de permettre aux prisonniers de se rendre aussi régulièrement que possible aux services religieux de leur confession.

En ce qui concerne les *punitions*, nous demandons que la privation de nourriture ne soit jamais employée comme peine disciplinaire. Nous avons été surpris d'entendre dire qu'elle avait été appliquée parfois même à des officiers[1].

Il serait désirable également que les pénalités collectives, prononcées pour des délits individuels (évasions, etc.), ne fussent pas prolongées au delà du strict nécessaire et qu'elles fussent appliquées avec beaucoup de discernement. Il faut éviter que des innocents ne doivent payer pour les coupables.

Nous demandons enfin la suppression totale des *peines corporelles* pour tous les prisonniers, tout spécialement pour ceux appartenant à des armées dans lesquelles cette mesure n'existe plus ni pour leurs propres soldats, ni pour leurs prisonniers.

Moins résistant physiquement et moralement que l'homme libre, déprimé et aigri, le prisonnier est un vaincu qui se trouve soumis à la volonté de ses vainqueurs.

A cet égard comme à d'autres il mérite la pitié et il appartient à une nation militaire et chevaleresque de la lui témoigner.

Nos observations à ce sujet ont été reçues favorablement par les autorités dans toutes les localités que nous avons visitées en Bulgarie. Des ordres précis donnés par le Ministère de la guerre lui-même aux commandants des camps produiraient sans doute un excellent effet, spécialement vis-à-vis des sous-ordres et éviteraient de fâcheuses humiliations, en particulier à l'égard des officiers qui n'ont pas toujours été traités comme ils devraient l'être. Nous recommandons en particulier que l'on surveille le transport des prisonniers lorsqu'ils sont amenés du front ou transférés d'un camp à l'autre. Nous avons recueilli à cet égard des plaintes assez

---

[1] Voir ci-dessus p. 51.

nombreuses, provenant de camps différents et qui ne nous
paraissent pas dénuées de fondement[1].

B. *Correspondance et colis. — Secours en argent et en nature.*

Partout dans nos visites dans les camps, la question des
correspondances a donné lieu à des réclamations instantes :
les lettres, les cartes, les envois d'argent, les paquets subis-
sent des retards considérables, arrivent détériorés ou n'arrivent pas.

Nous avons fait des démarches à Vienne et à Budapest
pour demander que la censure ne soit faite qu'en Bulgarie
pour les lettres de et pour les prisonniers de ce pays; cette
mesure abrègerait sans doute notablement la durée des dé-
lais. Nous serions très reconnaissants envers le Gouvernement bulgare s'il voulait bien l'appuyer, ou au besoin, en
prendre l'initiative.

De même nous souhaiterions que la censure bulgare ne
fût exercée qu'une fois, alors que la correspondance des prisonniers est examinée deux fois, dans chaque camp et à
Sofia.

Le triage des correspondances, de même, exigerait un soin
plus attentif dans les offices postaux compétents, nombre de
lettres et de colis destinés aux prisonniers en Bulgarie s'en
vont jusqu'à Constantinople, où le Croissant-Rouge nous a
signalé, entre autres, l'arrivée de centaines de paquets partis
de Suisse à destination de la Bulgarie. Nous pensons que
l'établissement d'un courrier direct, si la chose est possible,
pour les correspondances entre la Bulgarie et la Suisse, évi-
terait ces inconvénients.

Les besoins de *secours* étant, d'autre part, urgents chez les
prisonniers, il conviendrait de faciliter les envois d'argent
à toutes les catégories de prisonniers. De ce point de vue

---

[1] Au cours de l'impression de ce rapport, nous avons lu dans la presse la
traduction d'un rescrit du Ministère de la guerre bulgare ordonnant de fusil-
ler les prisonniers serbes qui tenteraient de s'évader et de punir sévèrement
leurs familles. Nous protestons de toutes nos forces contre de semblables mesures, si elles ont été réellement ordonnées et exécutées. Le Comité international ouvre du reste une enquête à ce sujet.

aussi, la communication de listes exactes de prisonniers aux gouvernements belligérants, question dont nous avons eu l'occasion d'entretenir M. le Ministre de la guerre, présente un intérêt tout particulier. Seule, en effet, la connaissance de ces listes permet aux familles et aux comités de secours de venir en aide aux prisonniers.

Quant aux envois de secours en nature, nous avons reçu beaucoup de plaintes concernant des colis détériorés ou privés d'une partie de leur contenu. Nous avons entendu du reste cette plainte dans différents pays déjà; le prisonnier étant à cet égard sans défense aucune, nous avons fait des démarches auprès des gouvernements intéressés pour que des instructions sévères soient données à ce sujet aux services de transport et autres ayant affaire à ces envois. Nous insistons de même très spécialement à ce sujet auprès du Gouvernement bulgare.

Nous demandons, en outre, que le transport de la correspondance, envois d'argent et colis destinés aux prisonniers, — qu'il s'agisse d'envois individuels ou collectifs — soit réglé de telle façon qu'ils parviennent le plus promptement possible dans les camps et chantiers de travail.

Un fichier (cartothèque), tenu exactement à Sofia, portant l'indication de la résidence des prisonniers détenus dans les camps ou employés à des travaux dans le pays, rendrait de grands services à cet égard. Des instructions précises devraient être données aux autorités locales pour l'envoi immédiat à ce bureau des mutations effectuées quant à la résidence de tous les prisonniers.

Nous demandons enfin que les commandants de camps, de même que le service de la censure reçoivent l'ordre de ne pas intercepter la correspondance des prisonniers lorsque celle-ci consiste en une requête adressée à l'autorité compétente bulgare, à la Croix-Rouge bulgare ou au représentant officiel à Sofia de la nation qui défend leurs intérêts. Il nous a été dit que ces demandes doivent être rédigées en bulgare; nombre de prisonniers ne connaissant pas cette langue, nous demandons qu'il leur soit, le cas échéant, permis d'adresser leur requête dans leur langue maternelle.

III. Traitement des officiers et des prêtres.

A. *Officiers.*

Le traitement matériel des officiers prisonniers nous paraît mériter une attention spéciale de la part du Ministère de la guerre. Dans certains camps il nous a paru ne pas répondre suffisamment aux besoins de cette catégorie de prisonniers qui comporte une forte proportion d'hommes cultivés, moins bien préparés que le soldat, par leurs circonstances antérieures, à l'inconfort de baraquements surpeuplés et aux privations qui en résultent.

Autant que possible les officiers prisonniers devraient pouvoir bénéficier de *logements plus confortables* que des baraquements plus ou moins improvisés, où ils sont parfois entassés *(Gorno-Panitchérévo, Hascovo)* trop nombreux dans un espace trop restreint. Ne pourrait-on pas les loger soit dans des maisons, soit dans des baraques plus petites (comme à *Orhanié*) comportant la création de chambres séparées avec un nombre restreint de lits (une dizaine au maximum), avec possibilité d'y loger des objets nécessaires à leur toilette et des effets.

Une pièce spéciale devrait être réservée dans tous les camps d'officiers comme *salle à manger* et pour la correspondance, la lecture, etc. (A *Hascovo* la chose est en projet; elle manque à *Panitchérévo* et *Orhanié*).

Tous les officiers devraient avoir *un lit* avec paillasse ou matelas, couverture et oreiller, et ne pas être obligés de coucher sur le sol (comme les officiers italiens et roumains à *Hascovo* et, nous a-t-on dit, les officiers roumains à *Sliven*).

Il importerait, d'autre part, que les officiers soient pourvus d'installations plus complètes qu'à *Gorno-Panitchérévo, Hascovo, Orhanié,* etc., pour les besoins de la propreté corporelle et le lavage du linge (si possible aussi pour les bains).

Nous demandons que les officiers ne soient *pas logés avec des civils,* comme c'est le cas à *Panitchérévo,* où la présence d'une centaine de prêtres, au-dessus des officiers dans la même baraque, condamne ces derniers à de sérieux désagréments de propreté.

Les baraques servant de logements aux officiers doivent être pourvues de *latrines convenables à proximité immédiate*, ce qui n'est pas le cas dans certains camps visités par nous. A *Gorno-Panitchérévo*, en particulier, les officiers n'osent pas sortir la nuit de peur des sentinelles et des coups de feu. A *Hascovo*, nous n'avons vu que de simples fosses à ciel ouvert, sans aucune protection, ce qui ne répond absolument pas à la dignité d'officiers. (Voir ci-dessus p. 41-42.)

Autant que possible les officiers devraient être autorisés à avoir leur *cuisine spéciale* dirigée par eux-mêmes, avec un personnel prisonnier de même nationalité.

Il nous semble que les officiers prisonniers devraient disposer d'*ordonnances* en nombre suffisant pour que leur service soit conforme à leur rang militaire; la proportion d'une ordonnance par 3 ou 4 officiers ne nous paraît pas exagérée.

Là où les circonstances de lieu ou de nationalité écartent toute chance d'évasion, nous demandons *plus de liberté* pour les officiers prisonniers que ce n'est le cas dans certains camps. Nous voudrions leur voir accorder la libre circulation dans un rayon donné le plus étendu possible. A *Sofia* et à *Philippopoli*, les officiers sont autorisés à sortir du camp et n'en ont pas fait, que nous sachions, un mauvais usage.

Nous demandons que le Ministère de la Guerre veuille bien accorder le *paiement régulier de la solde* aux officiers et aux médecins prisonniers et que les retards à cet égard soient évités dans la mesure du possible. (A *Hascovo*, les officiers roumains et italiens n'avaient reçu que deux fois 31 levas depuis leur captivité et se trouvaient dans un grand dénuement, nous ont-il assuré).

Nous pensons que les *travaux* corporels doivent être interdits pour les officiers prisonniers. Nous demandons à M. le Ministre de la guerre de bien vouloir donner des instructions précises à ce sujet.

Un officier supérieur s'est plaint d'avoir dû faire à pied

plus de 60 km. avec son bagage sur les épaules, bien qu'il fût blessé à la jambe. Nous estimons que de tels faits ne devraient pas se reproduire.

Nous demandons également que l'on favorise dans la mesure du possible tout ce qui contribue à la *distraction* des officiers prisonniers : l'autorisation d'envoi de livres, espaces réservés à des jeux et exercices, etc.

A *Philoppopoli,* ces mesures ont été prises très généreusement, mais d'autres camps en sont absolument privés.

Beaucoup d'officiers nous ont demandé, en outre, d'être autorisés à écrire plus de deux cartes par mois.

Comme conclusion, nous demandons que les officiers soient concentrés dans des camps favorisés des ressources indiquées ci-dessus. Nous serions heureux, en particulier, de voir les officiers, et aussi les soldats anglais, français et italiens réunis dans le camp de *Philippopoli.*

B. *Prêtres.*

Nous appelons en outre l'intérêt bienveillant des autorités compétentes sur la situation des prêtres prisonniers.

Ces ecclésiastiques, dont un grand nombre sont des vieillards, souffrent beaucoup de leur captivité, et sont dans un dénuement complet; ils demandent des secours (*Gorno-Panitchérévo, Hascovo*). Vu leur situation et leur âge, qui imposent les égards, peut-être le Gouvernement bulgare consentira-t-il à les placer dans des conditions meilleures que les autres prisonniers civils et leur accordera-t-il un traitement analogue à celui des officiers, en les plaçant dans des locaux spéciaux.

Les prêtres internés à *Panitchérévo* demandent à être transférés à Carloyo; nous ignorons les motifs de cette demande.

IV. Question des internés civils.

La situation des internés civils, en particulier des internés civils *serbes,* nous a paru spécialement digne de pitié. Eloignés de leur pays et de leurs maisons, dispersés dans toute la Bulgarie dans des camps de prisonniers et dans des chantiers de travail, hommes, vieillards, femmes, enfants pour le plus grand nombre sans ressources, ils sont, en outre, absolument coupés de toute communication d'avec leurs familles, que celles-ci soient restées en Serbie occupée, ou transférées en Bulgarie, ou réfugiées à l'étranger.

Leur sort serait atténué en quelque mesure si la possibilité leur était fournie d'avoir *des nouvelles* des leurs et de pouvoir, le cas échéant, faire appel à leur aide.

A cet effet la centralisation des listes complètes des internés, suivant les localités où ils se trouvent, listes d'après lesquelles serait établi un fichier (cartothèque) central à Sofia permettrait de répondre aux demandes de nouvelles, provenant soit des internés eux-mêmes, soit de leurs familles restées en Serbie, soit du service compétent de l'Agence internationale des prisonniers de guerre à Genève, pour les familles réfugiées à l'étranger.

Ce service de renseignements pourrait être organisé par un comité philanthropique placé sous le contrôle du Gouvernement bulgare et sous la direction immédiate de la Croix-Rouge bulgare. Un service analogue fonctionne depuis près de deux ans d'une façon satisfaisante pour les territoires envahis du nord de la France, par les soins du Comité de la Croix-Rouge de Francfort, qui a organisé à cet effet un bureau nombreux. Ce même Comité a ouvert récemment un service tout semblable pour l'échange des nouvelles entre la Roumanie occupée par l'armée allemande et la Roumanie non occupée ou l'étranger. Cette section commence déjà à rendre de précieux services aux familles angoissées sur le sort de leurs parents. Nous serions reconnaissants au Gouvernement bulgare d'autoriser, une institution semblable en faveur des internés et réfugiés serbes, et remercions vivement le Haut commandement de l'armée bulgare d'avoir bien voulu autoriser l'échange de correspondance entre les familles serbes restées en Serbie et leurs parents en pays neutre, par l'intermédiaire de l'Agence internationale des prisonniers à Genève.

A d'autres points de vue, nous sollicitons du Gouvernement bulgare de consentir à réunir dans la même localité les familles serbes internées, de façon à séparer le moins possible les différents membres d'une même famille.

Nous pensons aussi qu'il serait désirable de ne pas concentrer dans les mêmes camps les familles d'internés et les militaires prisonniers, mais de placer plutôt les civils dans des dépôts spéciaux, et les femmes et les enfants, autant que possible, dans des familles où ils seraient traités avec bienveillance.

Le mélange des civils et des militaires prisonniers expose, du reste, ces derniers à l'introduction de maladies contagieuses dans les camps, et peut, d'autre part, devenir la source de conflits divers qui rendent beaucoup plus difficiles pour les commandants et le personnel surveillant la discipline et le bon ordre dans les camps. Les dépôts d'internés civils devraient, autant que possible être placés à distance des camps de prisonniers et sans contact avec eux.

Un service central de renseignements, tel que nous l'avons indiqué plus haut, concernant les lieux d'internement des civils serbes, faciliterait en outre l'envoi de *secours en argent* et en nature à cette catégorie de prisonniers. Plusieurs d'entre eux, des vieillards, des infirmes, des femmes, des enfants, sont dans l'impossibilité de gagner leur vie et se trouvent de ce fait dans un dénuement complet; aussi l'envoi de secours s'impose-t-il, soit de la part de leurs familles en Serbie, ou à l'étranger, soit de la part de comités philanthropiques. Des agents bulgares ou neutres acceptés par l'autorité compétente bulgare et en contact avec la légation des Pays-Bas, représentant les intérêts serbes, pourraient servir d'intermédiaires pour la distribution des secours.

Des internés civils serbes nous ont demandé d'intercéder pour leur *rapatriement* en vertu d'une autorisation qui aurait été donnée concernant le renvoi en Serbie des internés civils nécessiteux. Nous ne saurions qu'appuyer cette mesure pour autant qu'elle est possible; elle nous paraîtrait avantageuse à différents points de vue, cette catégorie étant une lourde charge pour le pays qui les nourrit et les héberge.

Il importe, à un autre point de vue, d'éviter, pour les internés civils plus encore que pour les prisonniers militaires, en raison de leur état parfois misérable et leur santé plus précaire, le *surpeuplement* dans les baraques. La surveillance hygiénique de cette catégorie, le lavage, la désinfection des effets s'imposent ici d'une façon absolue et est dans l'intérêt non seulement de ces malheureux, mais aussi de la population au milieu de laquelle ils ont été amenés.

Ainsi que nous l'avons indiqué à propos des militaires prisonniers, quelques internés civils et des confinés nous ont dit s'être adressés aux autorités compétentes ou au Ministre des Pays-Bas à Sofia sans avoir jamais reçu de réponse. On leur aurait dit qu'un règlement interdit les correspondances qui ne sont pas en langue bulgare. Nous demandons que les prisonniers civils, serbes et autres, soient autorisés à *écrire dans leur langue maternelle* au représentant du gouvernement qui défend leurs intérêts et aux autorités compétentes bulgares, de même, éventuellement, qu'à la Croix-Rouge bulgare, et que la censure laisse passer ces lettres, de façon à permettre aux intéressés d'exposer leur situation à qui de droit.

Nous aimons à espérer que le Gouvernement bulgare voudra bien prendre en considération les observations ci-dessus visant à l'amélioration du sort des internés civils. Le bon accueil qui a été fait à notre démarche concernant la correspondance avec la Serbie occupée nous donne à ce sujet les meilleures espérances.

Conclusion.

Tels sont les principaux vœux que nous nous sommes permis de formuler. Si nous avons insisté plus spécialement sur les améliorations désirables, nous ne pouvons pas terminer notre rapport sans rendre hommage une fois de plus à l'effort déjà accompli par les autorités militaires bulgares pour améliorer le sort de leurs prisonniers.

Nous prions Votre Excellence de nous excuser de nous être exprimés en toute franchise. Le seul intérêt qui nous a guidés est celui de l'humanité chrétienne et civilisée. Nous avons la profonde conviction qu'en traitant bien ses prisonniers un peuple s'honore lui-même, prépare les réconciliations futures et agit d'une façon conforme à la fois à son devoir et à son intérêt bien entendu.

Ce sont les principes que le Comité international de la Croix-Rouge cherche à faire prévaloir dans tous les pays et en faveur des prisonniers de toutes les armées belligérantes.

Comme nous l'avons dit au début, nous nous rendons compte de l'imperfection de notre rapport et de l'insuffisance de notre rapide visite. C'est pourquoi, tout en espérant, si la guerre devait se prolonger jusqu'à l'hiver prochain, pouvoir revenir plus tard afin de resserrer les liens précieux que nous avons noués avec les hautes autorités militaires et la Croix-Rouge bulgare, nous estimons que les visites de camps devraient sans retard être organisées d'une façon périodique, comme elles l'ont été dans tous les autres pays.

Les organes tout désignés pour cela seraient, à notre avis, les *légations des États neutres* chargées de représenter les intérêts des pays ennemis ou, au besoin, des missions permanentes de médecins ou d'officiers attachés à ces légations. La Suisse, qui représente de nombreux Etats belligérants à l'étranger, a attaché à chacune de ses principales légations plusieurs médecins militaire, qui ont reçu partout le meilleur accueil et dont les rapports contribuent à rassurer les familles des prisonniers ainsi que l'opinion publique dans les pays ennemis. Nous sommes persuadés que les légations des Etats neutres accréditées en Bulgarie ne se refuseraient pas à organiser de semblables services, si elles en étaient sollicitées par le Ministère de la guerre. Et nous croyons que ces délégations peuvent être utiles aux autorités militaires comme aux prisonniers, en collaborant avec les médecins des camps et en leur fournissant des renseignements utiles sur ce qui s'est fait à l'étranger.

Nous avons été heureux de recevoir l'assurance qu'aucun obstacle ne s'opposait plus à la communication intégrale des listes des prisonniers capturés par les armées bulgares. Cette question a, en effet, à nos yeux et dans l'opinion publique de toutes les nations belligérantes, une importance considérable.

Il va sans dire que nous nous efforcerons de notre côté d'obtenir aussi rapidement que possible les listes des prisonniers bulgares détenus à l'étranger.

Nous ne pouvons pas terminer ce rapport sans remercier une fois de plus S. E. Monsieur le Ministre de la guerre, MM. les généraux Bradestiloff et Mitoff, S. E. M. Guéchoff, président de la Croix-Rouge bulgare, et toutes les autorités civiles et militaires de la parfaite bienveillance qu'ils nous ont témoignée.

Nous prions M. le Ministre de la guerre de transmettre également nos remerciements à S. E. M. le Président du Conseil, qui nous a fait l'honneur de nous accorder une entrevue, ainsi qu'à M. Kosseff, secrétaire général du Ministère des affaires étrangères, qui a bien voulu, lui aussi, faciliter notre tâche.

Veuillez, Monsieur le Ministre, agréer pour vous-même, l'expression de notre plus haute considération.

Les délégués du Comité international
de la Croix-Rouge.

Sofia, le 18 mai 1917.

Le Comité international a reçu le 17 juillet la dépêche suivante de la Croix-Rouge bulgare : « Sommes heureux vous annoncer que vœux formulés votre mémoire 18 mai pris en considération. Lettre suit. »

CONCLUSION

Après ce qui a été dit plus haut, notamment après les conclusions de notre rapport à M. le Ministre de la guerre, nous pouvons être brefs. En terminant, nous voulons seulement insister encore une fois sur les points suivants.

Au cours de notre séjour à Sofia et de notre voyage dans les camps, nous avons acquis l'impression qu'il n'y a, ni chez les hautes autorités du Ministère de la guerre, ni chez les commandants de camps, aucun mauvais vouloir à l'égard des prisonniers d'aucune nationalité. Au contraire, nous avons souvent rencontré auprès de ces autorités, notamment auprès de S. E. M. le Ministre de la guerre et de MM. les généraux Bradestiloff et Mitoff la plus grande bienveillance et l'appui le plus sincère.

Les défectuosités que nous avons signalées, au cours de ce rapport, proviennent en partie des conditions militaires et économiques d'un pays qui, il ne faut pas l'oublier, est en guerre presque sans interruption depuis cinq années. C'est à ces conditions qu'il faut attribuer le trop petit nombre de baraques, qui a pour conséquence le manque d'espace pour les prisonniers, les insuffisances du couchage et parfois de l'alimentation, la rareté des médecins qui fonctionnent dans les camps (la plupart des médecins bulgares sont au front de Salonique ou dans les hôpitaux de Sofia), le prix extrêmement élevé de certains remèdes, comme la quinine par exemple, bien nécessaire cependant pour combattre la malaria, etc.

Aux imperfections résultant de ces conditions économiques et militaires, il faut ajouter celles qui proviennent de l'inexpérience ou parfois, dans des cas exceptionnels, de l'in-

différence de certains fonctionnaires intermédiaires ou inférieurs. C'est là, croyons-nous, qu'il faut chercher la cause
des défectuosités, malheureusement trop nombreuses que nos
services techniques ont dû constater dans l'établissement des
listes de prisonniers. C'est aussi, peut-être, à l'une de ces
causes qu'il faut attribuer le fait que les intentions de M. le
Ministre de la guerre ne sont peut-être pas toujours exécutées dans le détail, telles qu'elles ont été conçues.

Nous ne pouvons pas insister sur ces points. Il s'agit là en
effet d'affaires d'ordre intérieur et surtout de questions personnelles, dans lesquelles nous n'avons pas à nous immiscer.
Il nous suffira de les avoir indiquées discrètement. Mais nous
ne pouvions pas les passer complètement sous silence.

A côté des améliorations immédiatement réalisables que
nous avons eu l'honneur de signaler à M. le Ministre de la
Guerre, nous insistons avant tout sur la construction de nouvelles baraques, spécialement en vue de l'hiver, sur le rapatriement rapide de catégories aussi nombreuses que possible
de prisonniers, sur l'accélération des correspondances par
l'unification des deux censures bulgares et par la suppression des censures intermédiaires, enfin sur l'organisation de
visites fréquentes et méthodiques des camps de prisonniers
par les légations des pays neutres accrédités à Sofia.

Ainsi que nous l'avons déjà dit, notre rapide voyage dans
les camps ne pouvait pas avoir le caractère d'une inspection
systématique, telle qu'elle a eu lieu ailleurs, mais plutôt
d'un sondage nous permettant de nous rendre compte des
conditions actuelles d'un certain nombre de camps. Les
observations très intéressantes que nous avons pu faire,
les conversations que nous avons eues avec les commandants et les médecins de camps et avec les prisonniers eux-mêmes, nous ont convaincus de l'utilité de ces visites. Mais pour être efficaces, il est indispensable qu'elles
soient périodiques et régulières. Les organes tout désignés
pour ce service seraient des missions médicales, attachées
d'une façon permanente aux légations des Etats neutres qui
ont pris en mains la défense des intérêts des Etats belligé-

rants. Nous renvoyons encore une fois sur ce point à ce que font d'autres Etats neutres, par exemple l'Espagne, la Suisse, les Etats scandinaves, les Etats-Unis (avant qu'ils fussent entrés en guerre), en faveur des prisonniers confiés à leur surveillance.

Nous estimons également que les allocations mensuelles que les légations neutres font aux officiers, sous-officiers et soldats d'un certain nombre d'Etats belligérants, sont extrêmement nécessaires et particulièrement appréciées dans un pays aussi éloigné que la Bulgarie, où, par le fait de l'éloignement, le service des colis ne peut pas être aussi actif que dans des régions plus rapprochées. Nous souhaitons donc vivement que ces allocations puissent être continuées et, si possible, étendues à tous les prisonniers séjournant en Bulgarie. Cela nous paraît désirable, même dans le cas où, pour satisfaire à ce vœu, il serait nécessaire de déroger à des règles qui ont sans doute été établies en vue de prisonniers plus rapprochés et mieux ravitaillés par les envois collectifs ou individuels.

Nous ne pouvons pas terminer sans insister encore sur la note que nous avons été heureux de pouvoir faire entendre à Sofia, en présence de tout le Comité central de la Croix-Rouge bulgare, en réponse aux paroles si chaleureuses qui nous ont été adressées par son éminent président, M. Guéchoff. Nous attirons l'attention sur le fait que toute amélioration du sort des prisonniers est un retour aux principes d'humanité, qui ont été si souvent et si cruellement foulés aux pieds au cours de cette horrible guerre, un pas en avant vers la restauration future de la société des nations civilisées. Le traitement des prisonniers de guerre et des internés civils a une importance beaucoup plus grande qu'on ne le croit généralement pour l'humanité future. Mal traité, le prisonnier sera, une fois rentré dans son pays, un ferment permanent de discorde, de rancunes et de haine. Bien traité, il peut devenir un puissant agent de réconciliation et de paix. Le Comité international de la Croix-Rouge souhaite de tout son cœur qu'il en soit ainsi. Il considère comme son devoir d'y travailler de toutes ses forces, heureux et reconnaissant de l'appui précieux que lui prêtent les Croix-Rouges nationales de tous les Etats belligérants et de beaucoup d'Etats neutres.

Genève, juillet 1917.

Dr F. FERRIÈRE,
Horace MICHELI, } Membres du Comité international.

K. de WATTEVILLE, Chef de service à l'Agence internationale des prisonniers de guerre.

TABLE DES MATIÈRES

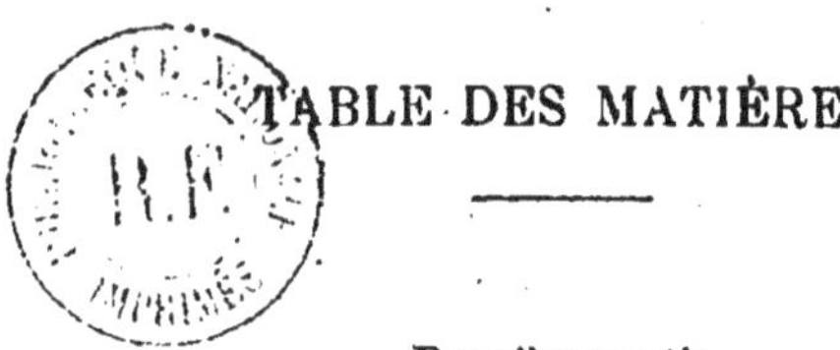

Première partie.

Deuxième partie.